Jaap Bron

Schwierige Kunden?
Gibt es nicht!

Jaap Bron

Schwierige Kunden?
Gibt es nicht!

Anleitung zum erfolgreichen Umgang
mit Kunden

Aus dem Niederländischen von Sigrid Swatek

Originalausgabe erschienen bei Kluwer BedrijfsInformatie, Deventer 1997,
unter dem Titel „Makkelijker verkopen aan unveilijke klanten".

Die Deutsche Bibliothek – CIP-Einheitsaufnahme

Bron, Jaap.:
Schwierige Kunden? Gibt es nicht! / Jaap Bron – Wien : Signum-Verl., 1998
ISBN 3-85436-252-8

© Signum Verlag Ges.m.b.H. & Co. KG
A-1030 Wien, Reisnerstraße 40
E-mail: contact.us@signum.voei.ada.at

Cover: Manfred Hirschauer
Umschlagfoto: ©Image Bank/M. Tcherevkoff

Druck: Druckerei Hans Jentzsch & Co. Ges.m.b.H.
A-1210 Wien, Scheydgasse

ISBN 3-85436-252-8

Wien 1998

Inhalt

1 Einleitung

Wir Verkäufer haben unseren Beruf meistens gewählt oder wenigstens mit Freude akzeptiert, weil wir dadurch in einer abwechslungsreichen Existenz landen, in der ein Umgang mit vielen Menschen gesichert ist. Diesen Umgang brauchen wir, weil wir in der Regel extravertiert, d.h. umgangsfreundlich sind. Am Anfang unseres beruflichen Werdeganges wußten wir vielleicht noch nicht, daß unser Beruf auch ein sehr „harter" Beruf ist und daß die Kontakte mit Kunden nicht immer freundlich ablaufen.

„Das Verkaufen fängt erst an, wenn der Kunde Nein sagt!" Diese aus der Literatur schon Jahrzehnte lang bekannte Wahrheit entdecken wir zum ersten Mal wieder. Das Nein des Kunden wird manchmal schon ausgesprochen, bevor wir selbst den Mund geöffnet haben.

Weil wir das Nein nicht akzeptieren, sondern es in ein Ja ummünzen wollen und müssen, kann es passieren, daß der Kunde – in legitimer Abwehr – recht unfreundlich und sogar aggressiv wird. Dann zeigt er die negativen Seiten seiner Persönlichkeit, die unter anderen Umständen vielleicht sehr liebenswürdig ist.

Die überwiegende Mehrzahl unserer Kunden besteht wahrscheinlich aus netten und normalen Mitbürgern, dies verringert jedoch nicht das Problem, das uns die „Schwierigen" und „Unbequemen" schaffen. Auch der Fußballspieler wird für die wenigen kritischen Momente trainiert, nicht für einen recht komfortablen Spielablauf während der restlichen Zeit.

Wir dürfen annehmen, daß einer von zwanzig Mitbürgern ernstzunehmende emotionale Probleme in seinem seelischen Ranzen herumträgt und daß die restlichen neunzehn nicht immer jubelnd glücklich sind. Im modernen Geschäftsleben ist nicht alles ein Honigschlecken. Die „Probleme", die der Kunde dabei erfährt, werden uns Verkäufern gegenüber oft in ein „schwieriges" Verhalten umgesetzt. Durch ein solches „unbequemes" Verhalten scheitern wir eventuell in unserer Anstrengung, den Auftrag zu erzielen.

9

Der Verkäufer muß deswegen nicht nur seine Argumente kennen, die vielleicht für alle Kunden zutreffen, er muß auch imstande sein, mit charakterlich schwierigen Kunden umzugehen. Dies erfordert spezifische kommunikative Fähigkeiten, von vielen etwas abwertend als „manipulatives" Verhalten abgestempelt.

Die Zielsetzungen dieses Buches sind dreifach

✦ Erstens entwickelt es Richtlinien, um zu verhindern, daß Sie das „Opfer" eines schwierigen Kundenverhaltens werden. Sie werden lernen, wie Sie effektiv mit diesem schwierigen Verhalten umgehen. Es handelt sich dabei nicht um die Aufgabe, den Kunden zu ändern, sondern adäquat auf sein Benehmen zu reagieren.

✦ Zweitens lernen Sie auch, einem schwierigen Kundenverhalten vorzubeugen. Denn vielleicht sind Sie selbst unwissentlich die Ursache seines Benehmens. Sind Sie sicher, daß Sie immer den richtigen Kommunikationsstil einsetzen? Stimuliert Ihr eigenes Verhalten vielleicht aggressive Reaktionen?

✦ Drittens finden Sie im Hintergrund der Thematik einige Ideen und Auffassungen, die ein besseres und erfolgreiches Verkaufen fördern können. Erfolge im Beruf bringen Ihnen die Freude, die auch dazu führt, daß Kunden sich weniger schwierig verhalten.

Wir werden das Wort „Problem" in diesem Buch regelmäßig benutzen. Ich weiß, daß es einige Leser geben wird, die dieses Wort ungern benutzen oder von anderen präsentiert bekommen. Wir benutzen das Wort meistens in einem unangenehmen, mißlichen oder vertrackten Zusammenhang.

Es stammt aus dem Griechischen, wo es die Bedeutung hat: „Dasjenige, was vor mir liegt". Die Römer sprachen vom „Objektum" und in der mitteldeutschen Sprache ist es ein „Gegenstand".

Ein Problem in diesem Sinne ist also etwas, was vor mir liegt und meine Aufmerksamkeit erfordert. Damit hat es seinen unangehmen Beigeschmack verloren. Ein Problem ist fast immer eine Möglichkeit, die uns für unsere Weiterentwicklung geboten wird.

Ein „problematischer" oder „schwieriger" Kunde repräsentiert genauso sehr diese Möglichkeit, und wäre es nur, weil er uns die Perspektive einer Umsatzsteigerung bietet. Sie wissen: Die

„schwierigen" Kunden sind meistens auch sehr potente Kunden, ihr Umsatzpotential sollten wir nicht unterschätzen.
Ein besserer Umgang mit „schwierigen" Kunden öffnet also das Tor zu Umsatzsteigerung und Mehrgewinn.
Jetzt öffnen wir aber die Tür zum Ehrentempel unserer „schwierigen" Kunden. Es wird ein freudiges Fest der Wiedererkennung geben.
Sicherheitshalber füge ich hinzu, daß jede Ähnlichkeit mit lebenden oder schon verstorbenen Personen auf reinem Zufall basiert!

2 WAS SIND EIGENTLICH „SCHWIERIGE" KUNDEN?

1. Wann ist ein Kunde „schwierig"?

„Schwierige Kunden sind jene Kunden, die nicht nur Sie als „schwierig" erfahren. Ihre Kollegen sowie die Freunde und der Bekanntenkreis des Kunden teilen Ihre Meinung. Es handelt sich also um den „notorischen" Fall, des allbekannt schwierigen Kunden. Diese Definition schließt eigentlich aus, daß nur Ihr eigenes Verhalten zu Schwierigkeiten mit dem Gesprächspartner führt. Denn dies ist immer die erste Schwachstelle, die Sie untersuchen müssen, wenn es mit Kunden Spannungen gibt. Hier sind einige Grundregeln für die Beziehungen zu den Mitmenschen.

Ihr eigenes Verhalten hat einen Echo-Effekt

Wenn Sie erbost sind und Sie zeigen dies dem Kunden, dann riskieren Sie, daß auch der Kunde sich erbost. Wenn Sie aber über Ihren eigenen Schatten springen können und trotz Ihrer eigenen negativen Gefühle freundlich und hilfreich bleiben, dann ernten Sie meistens auch kundenseitige Freundlichkeit und Hilfsbereitschaft.

Sie können Ihr eigenes Verhalten bestimmen

Es ist verführerisch, rein imitativ die Verhaltensmuster Ihrer Kunden zu übernehmen. Sie sollten jedoch den vernünftigen Weg wählen: Erbosung mit Erbosung beantworten, führt zu ergebnislosen Diskussionen. Wenn Sie jedoch den Hahn Ihrer spontanen Gefühle zudrehen und entschieden, ruhig und freundlich reagieren, verringern Sie die Aggression Ihres Kunden. Dies fördert die wirkliche Lösung der Probleme.

Kongruenz Ihrer Worte, Ihrer Sprachmelodie und Ihrer Körpersprache

Ihre Körpersprache dient dazu, die Wirkung Ihrer Worte zu verstärken.[1]

---

[1] Lesen Sie dazu auch Jan L. Wage:»Körpersprache: Erfolgsinstrument im Verkauf«, Signum Verlag Wien, 1996, ISBN 3-85435-178-5

Sagen Sie etwas Positives und Freundliches, dann sollte ein Lächeln die Botschaft Ihrer Worte verstärken. Wenn Sie, im westlichen Kulturkreis jedenfalls, Ihren Gesprächspartner nicht anschauen und den Augenkontakt mit ihm vermeiden, wirken Sie suspekt. Wenn Sie sich aufgeschlossen und interessiert zeigen wollen, sehen Sie den Gesprächspartner an.

Wenn Sie Ihre Empörung zeigen, ein aggressives Verhalten des Kunden widerspiegeln oder durch nichtkongruente Körpersignale zeigen, daß die Freundlichkeit Ihrer Worte nicht wirklich gemeint ist, sind Sie selbst schuld daran, daß Kunden Ihnen gegenüber „schwierig" reagieren. Sachverständige gehen davon aus, daß etwa 8% der Kunden, d.h. ein Kunde je zwölf, auf Grund ihrer Charakterstruktur zu einem „schwierigen" Verhalten gegenüber sämtlichen Mitmenschen neigen. Untersuchungen haben gezeigt, daß das kundentypische Verhalten in solchen Fällen eine Einteilung in sechs Hauptgruppen rechtfertigt.

✦ Der *„Machtgierige"* versucht durch Imponiergehabe, verbale Gewalt und abwertende Bemerkungen seine Mitmenschen plattzuwalzen.

✦ Der *„Hinterhältige"* vermeidet zwar den direkten und offenen Konflikt. Er intrigiert mehr im Verborgenen, spielt den einen gegen den anderen aus, versucht seinen Gegner – in diesem Fall Sie – als lächerlich darzustellen.

✦ Der *„Verschwiegene"* reagiert auf sämtliche Fragen und Vorschläge, auch wenn es sich um hervorragende Ideen handelt, mit einem Schweigen oder einem unklaren Gemurmel. Er gibt höchstens einsilbige Antworten und seine Kopfbewegungen sind kaum spürbar.

✦ Der *„Besserwisser"* fühlt sich anderen weit überlegen und zeigt dies unverfroren in allen Lebenslagen. Er weiß alles über alle Gesprächsthemen und streitet schon Ihre Meinung ab, bevor Sie sie geäußert haben. Er macht Sie gern zum Gespött anderer.

✦ Der *„Trödelfritze"* ist an sich ein sehr liebenswürdiger und pflegeleichter Mensch. Sein einziges Problem ist, daß er sich nicht zum Handeln entscheidet und daß man sich auf sein Versprechen fast nie verlasssen kann.

✦ Der „*Kümmelspalter*" neigt zum Aufblähen sämtlicher Kleinigkeiten und zum ständigen Klagen. Er spürt überall Probleme, aber nirgendwo eine Lösung. Er meint auch, daß die ganze Welt es auf ihn abgesehen hat.

Auf diese sechs Typen werde ich in diesem Buch ausführlicher eingehen. Es gibt selbstverständlich noch andere Typen, die jedoch seltener vorkommen, wahrscheinlich, weil ihr Verhalten ans Krankhafte grenzt. Der extrem mißtrauische und argwöhnische Kunde reagiert auf die Frage: „Wie geht es Ihnen?" mit der Gegenfrage: „Warum wollen Sie das wissen?" Der extrem narzißtische Kunde beschäftigt sich nur mit sich selbst und mit der Bewunderung, die seine Mitmenschen Ihm schuldig sind. Wir wollen die Last Ihrer Probleme nicht mit einem „Raritätenkabinett" erschweren und lassen es bei sechs Haupttypen bewenden.

Weiter bin ich schon im voraus damit einverstanden, daß jede „Typologie" unvollkommen ist. Kein individueller Kunde läßt sich hundertprozentig in eine Schublade stecken. Es gibt Kunden, die zu gleicher Zeit mehrere Schubladen beanspruchen. Ich kenne sogar einige, die ihre Machtgier mit Hinterhalt zu kombinieren wissen und darüber hinaus noch den Oskar der Verschwiegenheit verdienen. Solche Kunden erfordern also den Einsatz von mehreren Verhaltenstechniken unsererseits.

Bevor ich diesen Abschnitt beende, betone ich, daß die Kundentypen nur „situative Verhaltensmuster" zeigen. Sie verhalten sich in der Verkaufssituation als machtgierige, hinterhältige, verschwiegene oder anders angedeutete Gesprächspartner. Dies bedeutet nicht, daß sie sich auch in ganz anderen Situationen auf ähnliche Weise verhalten. Ein „verschwiegener" Kunde kann am abendlichen Stammtisch sehr zungenfertig sein. Ein „machtgieriger" Kunde ist zu Hause vielleicht ein Pantoffelheld. Datenschutzgesetze hindern uns daran, dies genau zu überprüfen. Das „schwierige" Verhalten des Kunden ist „situativ" bedingt. Anders gesagt, es dient dazu, um bestimmte Zielsetzungen zu verwirklichen. Es hat deswegen in diesem Sinne einen „manipulativen" Charakter.

15

2. Weshalb gibt es schwierige Kunden?

Welche Zielsetzungen beabsichtigen unsere schwierigen Kunden nun eigentlich? Anders gefragt: Welche „Entlohnung" streben sie mittels ihres Verhaltens an?

Wo man auf diese Frage systematisch eingegangen ist, hat man ganz einfache Antworten gefunden, so einfach, daß auch Sie und ich sie hätten bedenken können.

✦ *Das Streben nach Macht.*
Das erreichen diese Kunden, indem sie ihre Gesprächspartner zum „Underdog", zum „Unterlegenen" machen wollen. Je emotionaler und nervöser Sie reagieren, um so mehr fühlen sie sich gestärkt. Die „Entlohnung" finden diese Menschen in Ihrer Angst.

✦ *Das Kompensieren ihrer eigenen Verunsicherung.*
Ein schwieriges Verhalten wirkt abstoßend. Wenn man sich „abstoßen" läßt, wird man schnell aus ihrer Gegend verschwinden und sie brauchen ihre Schwächen und die sich daraus ergebende Verunsicherung nicht zu zeigen.

✦ *Das Durchsetzten ihres Willens.*
Diese Kunden glauben, indem man sich querlegt und sich schwierig stellt, kann man meistens seinen Willen leichter bekommen, als wenn man sich fügsam benimmt. Vielleicht haben sie als Kind bei ihren Eltern mit Quengelei mehr erreicht als mit Zuneigung. Es ist eine Tatsache, daß man „schwierige" Kunden aus Bequemlichkeit manchmal bevorzugt. Nehmen wir einmal an, daß Sie als Hersteller einen Auslieferungsrückstand haben. Durch Verzögerungen und Pannen in Ihrer Herstellung können Sie Ihre Liefertermine nicht einhalten.

Wer wird dann als erster beliefert? Wahrscheinlich der „Meckerfritze", der Sie schon jeden Tag angerufen hat, um Ihnen sein Mißfallen zu bekunden.

Diejenigen, die für Meckereien zu höflich und wohlerzogen waren, bilden das Schlußlicht der Auslieferungsliste.

✦ *Das Gewinnen der allgemeinen Aufmerksamkeit.*
Für viele „schwierige" Menschen ist dies der wirkliche Auslöser.

Ihr Ego braucht eine Bestätigung durch Streicheleinheiten. Auch wenn sie ihren Willen vielleicht nicht durchsetzen können; man widmet ihnen viel Aufmerksamkeit, und das genügt vorläufig ...

✦ *Das sportliche Vergnügen.*
Ja, Sie haben richtig gelesen. Es ist gelegentlich schön, Mitmenschen zu piesacken und zu drangsalieren. Sie kennen sicherlich die Situation auf dem Parkplatz beim Supermarkt. Alle Plätze sind besetzt, aber ein Kunde manövriert eben einen Wagen aus der Parklücke. Sie warten geduldig, bis er im Rückwärtsgang die Lücke verlassen hat und abfährt. Diese Geduld ermöglicht einem anderen Besucher, blitzschnell vor Ihnen in der Lücke einzuparken, obwohl er sehen kann, daß Sie schon länger warten ...
Dieser Parksünder steigt aus seinem Wagen aus, winkt Ihnen im Vorbeigehen spöttisch zu und hofft sogar, daß Sie sich ärgern. Es gibt Leute, die ein ähnliches Verhalten zum Lebensideal machen, auch wenn sie Ihre Kunden sind.

Welches Fazit ziehen wir vorläufig aus dieser „Entlohnungstabelle"? Ganz einfach gesagt: Indem Sie diesen Kunden die ersehnte Entlohnung nicht gönnen!
Mangels Entlohnung wird das „schwierige" Verhalten ergebnislos und zwecklos und es hört automatisch auf! Bedenken Sie: Unsere Gedanken lösen Gefühle aus. Schwierige Kunden bringen uns zu negativen Gedanken und negativen Gefühlen. Wenn wir dies gestatten, gewinnt der schwierige Kunde, denn dies war genau seine Absicht. Durch eine emotional bedingte Reaktion wird sein unangenehmes Verhalten nur gefördert, denn seine „Entlohnung" findet er in unseren negativen Gefühlen.

Ein alltägliches Beispiel:
Der Geschäftsführer eines mittelgroßen Unternehmens benimmt sich während der Arbeit wie ein „machtgieriger" Potentat. Er unterbricht eine Besprechung mit seinen nächsten Mitarbeitern und brüllt seine Sekretärin an: „Kaffee für sechs Personen! Und dalli-dalli bitte!" Die Sekretärin, mit der Schreiberei eines komplizierten Berichtes beschäftigt, versucht, ihrer wirklichen Arbeit Vorfahrt zu geben, indem sie sich verlegen äußert: „Können Sie sich noch ei-

nige Minuten gedulden, bis ich mit dieser Seite fertig bin ...?" Der Chef unterbricht sie grob und verlangt Kaffee, „und zwar sofort!" „Denn wenn ich um so etwas bitte, ist es in meiner Eigenschaft als Geschäftsführer. Nehmen Sie dies bitte zur Kenntnis!" Selbstverständlich wird der Kaffee sofort serviert. Der Chef hatte an zwei Fronten gesiegt: Erstens an der Kaffeefront und zweitens – oder war dies vielleicht wichtiger – an der Prestigefront, so meinte er.

Derselbe Chef sitzt abends vor dem Fernseher und guckt sich die Sportschau an. Seine Füße hat er auf den Tisch gelegt und er kommandiert seine Frau:

„Ein Bier bitte ...!"

Die Antwort: „Bier findest Du im Kühlschrank, Liebling! Selbstbedienung heute abend! Hebe Deine faulen Quanten vom Tisch und hole Dir Dein Bier selbst! Ich bin momentan beschäftigt!" Der große Chef steht auf, dackelt zum Kühlschrank und holt sich sein Bier selbst. Er wird in Zukunft wahrscheinlich sein Bier nicht mehr so bestellen, als ob er in einer Wirtschaft säße.

Richtig, der Vergleich „hinkt": Es ist für seine Ehefrau viel leichter eine Selbstbedienung zu verordnen, als für seine Sekretärin. Was jedoch als Fazit wichtig ist:

✦ Wenn Sie ein bestimmtes Verhalten entlohnen, verstärken Sie die Neigung dazu und dies führt normalerweise zu einer ständigen Wiederholung.

✦ Wenn Sie dieses Benehmen nicht entlohnen, sondern einfach ignorieren, wird es sich anfangs verstärkt wiederholen, bevor der andere darauf verzichtet. Dieses Ignorieren führt also kurzfristig nicht zum Verzicht, langfristig gewinnen Sie jedoch.

Wenn Sie Kinder haben, kennen Sie diese Neigung zur anfänglichen Verstärkung. Die Eltern spazieren mit Sohnematz durch eine Geschäftsstraße und plötzlich möchte ihr Filius sich ein Eis am Stiel zu Gemüte führen. Die Eltern sagen kurzerhand „Nein!" und erklären eventuell, daß Kleinpeter heute morgen schon sein Tagespensum Eis genossen hat. Vielleicht wird Sohnemann jetzt versuchen, seinen Wunsch mit dem Aufgebot aller seiner Kräfte, zum Beispiel trampelnd, zu wiederholen. Diese „Verstärkung" ist die erste Folge einer Ablehnung. Sie klingt schnell ab, wenn die Eltern bei ihrem „Nein" bleiben.

Ändern sie es aber ... dann ist es für Sohnemann klar, daß man nur zu trampeln braucht, um seinen Wunsch durchzusetzen. Denn eine Entlohnung für ein unbequemes Verhalten führt zu dessen Förderung!

✦ Wenn ein Verhalten unangenehme Konsequenzen für die eigene Person mitbringt, wird es quasi automatisch geändert, bis effektivere Verhaltensmuster zur erwünschten Entlohnung führen.

✦ Wer nicht reagiert, reagiert trotzdem. Denn das Ausbleiben einer Reaktion kann nur allzuleicht als Schwäche interpretiert werden. Ein ungehobeltes Verhalten können und dürfen Sie auf Dauer nicht ignorieren. „Wer schweigt, bejaht!" ist eine Schlußfolgerung, die auf der Hand liegt.

3 GRUNDREGELN FÜR DEN UMGANG MIT UNBEQUEMEN KUNDEN

1. Einleitung

Als Verkäufer versuchen wir selbstverständlich, eine positive Einstellung zu unseren Mitmenschen zum Leitfaden jeder menschlichen Begegnung zu machen.

Das Beispiel ist zwar abgedroschen, es bleibt jedoch immer aktuell: „Ist die Flasche halb voll oder halb leer?" Der Optimist sagt: „Halb voll!" oder sogar: „Fast voll!" Der Pessimist sagt: „Halb leer!" oder sogar: „Fast leer!"

Das negative Denken wird oft zu einer sich selbst erfüllenden Prophezeiung: Es lähmt uns, wenn es Probleme zu lösen gibt, die Energie und Glauben erfordern.

Unterstellen Sie bitte nicht, daß es Ihnen gelingen wird, unbequeme Kunden zu einer anderen Lebenseinstellung zu bringen. Verlangen Sie dies nicht von ihnen.

Es ist kontraproduktiv zu sagen oder zu zeigen, daß Ihr Gegenüber in irgendeiner Hinsicht lästig, unbequem oder schwierig ist. Dies führt nur zu einer Selbstverteidigung oder Selbstrechtfertigung, die Ihre Kunden noch unbequemer machen.

Ein angenehmes Verhalten läßt sich nicht erzwingen. Der einzige Effekt wird sein, daß Sie selbst aus der Fassung geraten und den anderen ungewollt „entlohnen".

Nicht der andere sollte sich ändern! Betrachten Sie sich selbst als den einzigen, der veränderungsfähig ist! Nur dann können Sie die Probleme bewältigen.

2. Die neun Stufen zur Lösung des Problems

✦ *Analysieren Sie mutmaßliche Schwierigkeiten, bevor Sie zum Kunden gehen.*

Tun Sie dies so kühl und objektiv wie möglich! Verfügen Sie über sämtliche Informationen? Oder sind Ihre Quellen unzulänglich und einseitig? Sie haben Schwierigkeiten mit diesem spezifischen

Kunden, okay! Teilen Ihre Kollegen Ihre Erfahrungen oder sind Sie eher der Meinung, daß der Kunde gar nicht so unbequem ist? Betrachten Sie den Kunden nur aufgrund von einmaligen Erlebnissen als schwierig, bei denen vielleicht die Schuldfrage zumindest zweifelhaft ist? Gab es vielleicht ein einmaliges Vorkommen, das den Konflikt mit diesem Kunden ausgelöst hat?

✦ *„Typologisieren" Sie das unbequeme Kunden-Verhalten.*
Damit Sie effektive Verhaltenstechniken einsetzen können, sollten Sie den betreffenden Kunden „schubladisieren". Auch wenn man Fehler macht beim „Rubrizieren" von Mitmenschen: Man macht auch Fehler, wenn man sie nicht rubriziert, und ohne eine solche Rubrizierung kann man überhaupt nichts unternehmen.

✦ *Schwören Sie dem Glauben an Wunder sofort ab!*
Denken Sie nie: „Die Zeit heilt alle Wunden" oder „Mit der Zeit pflückt man Rosen". Solche Sprüche bringen nichts, es sei denn, Sie stehen kurz vor Ihrem Ruhestand. Unbequeme Kunden ändern ihr Verhalten nicht nach einigen schönen Ferienwochen! Sie brauchen ihr unbequemes Verhalten als Quelle ihrer Entlohnungen, und diese brauchen sie nach der Urlaubszeit unvermindert.

✦ *Entwicklen Sie eine „Hubschrauber-Perspektive".*
Gehen Sie nicht sofort auf ein unbequemes Verhaltensmuster ein! Betrachten Sie es in aller Ruhe aus der Hubschrauber-Perspektive. Was beabsichtigt der Kunde eigentlich mit seinem Verhalten? Betrachten Sie es, wie Sie eine Körperbehinderung betrachten würden! Seien Sie froh, daß Sie nicht selbst diese Behinderung mitschleppen müssen.

✦ *Suchen Sie den Ursprung Ihrer negativen Gefühle.*
Wie entstehen Ihre negativen Gefühle? Sind Sie vielleicht dazu geneigt, „assoziativ" zu reagieren? Als ich selbst noch im Schüler-Alter war, spielte ich mit meinen Kameraden auf einer Wiese hinter einer Häuserreihe Fußball.
Als der Ball aus Versehen im Garten eines Anrainers landete, kam dieser wütend aus seiner Wohnung und schnitt unseren Ball mit einem Messer in zwei Hälften, bevor er ihn zurückwarf. Der

Mann trug einen schwarzen Anzug, hatte pechschwarze Haare rund um eine Glatze und hinkte leicht.

Als ich später einem Einkäufer begegnete, der auch etwas hinkte, auch pechschwarzes Haar rund um eine Glatze hatte, und im schwarzen Anzug gekleidet war ... Sie verstehen mich. Der betreffende Einkäufer war ein ganz anderer Mensch, hatte nichts mit dem bösen, sadistischen Anrainer zu tun, aber trotzdem erweckte er unmittelbar negative „Assoziationen".

Indem ich mir erlaubte, diese Erwachsenen-Begegnung gedanklich mit meinen Erlebnissen aus der Kinderzeit zu assoziieren manövrierte ich mich schon in eine gefährliche „Underdog-Position". Glücklicherweise wies sich der Einkäufer als netter Mensch aus. Fazit: Untersuchen Sie die Ursachen eventueller irrationaler assoziativer Gefühle.

✦ *Entwickeln Sie die effektive Strategie rechtzeitig.*
Auf diese Strategien werde ich in den folgenden Kapiteln eingehen. Es ist alles nicht so schwierig, wie es uns oft scheint. Die menschliche Kommunikation ist fast immer eine Straße mit Gegenverkehr. Wenn der eine etwas sagt, führt das meist zu einer Reaktion des anderen, die das Verhalten des ersten verstärkt. Wenn ein „Kümmelspalter" einen unserer Vorschläge ablehnt, und wiederholt dies, wenn wir den Vorschlag in seinem Sinne revidieren, riskieren wir einen Spiegelungseffekt. Wir tendieren auch dazu, den „Kümmelspalter" zu spielen. Und mit jedem neuen Vorschlag entlohnen wir die Kümmelspalterei des Gesprächspartners.

✦ *Führen Sie „Trockenübungen" durch.*
Sie können dies einsam vor einem Spiegel tun, aber besser ist es natürlich, wenn Sie einen Sparringpartner finden, mit dem Sie ein kurzes Rollengespräch führen. Sie werden, wenn es so weit ist, nicht mehr von unerwarteten Gesprächswendungen überrascht. Sie lernen auch, Ihre Reaktionen emotionsfrei zu gestalten und eine ruhige Logik zu entwickeln.

✦ *Verwirklichen Sie Ihre Übungen in der Praxis.*
Dies ist keine Binsenweisheit! Es setzt nämlich voraus, daß Sie sehr gründlich geübt haben. So gründlich, daß Sie die Realität improvisationsähnlich gestalten.

◆ *Kontrollieren Sie Ihre Ergebnisse gewissenhaft.*
Führen Sie nach der Begegnung mit dem unbequemen Kunden ein kritisches Selbstgespräch! Beurteilen Sie das Ergebnis, ohne gleich Wunder zu erwarten.

Wenn Sie imstande sind, sämtliche emotionalen „Überschwemmungen" aus Ihren Gesprächen zu entfernen, verbuchen Sie schon einen Fortschritt. Wenn die eingesetzte Technik noch nicht gleich zum Wunscherfolg geführt hat, überprüfen Sie, wo genau Sie gescheitert sind und setzen Sie dann eine leicht geänderte Technik ein.

3. Ihr eigenes Verhalten und Ihre nonverbale Kommunikation

Im 2. Kapitel betonten wir schon, daß wir das eigene Verhalten ständig kritisch überprüfen müssen. Wir müssen vermeiden, das unbequeme Verhalten des Kunden durch ein eigenes Fehlverhalten zu provozieren. Der Kunde „deutet" nämlich unser Verhalten ständig nach seinen eigenen Gesetzen und reagiert dementsprechend.

Wir „entlohnen" unsere Kunden durch die Worte, die wir sprechen, aber auch durch unsere Sprachmelodie und durch unsere Körpersprache. Wir müssen deswegen die beiden letzten Kommunikationshilfen bewußt einsetzen und wo nötig verbessern.

Der unbequeme Kunde „vergiftet" eigentlich unsere Reaktion, weil er negative Gedanken und Gefühle auslöst, die sich in einer kontraproduktiven Sprachmelodie und einer dito Körpersprache äußern. Hier trifft auch wieder zu, daß wir mit unserer eigenen Sprache unsere Gedanken beeinflussen und mittels unserer Gedanken unsere ganze Persönlichkeit.[1]

Eine Ablehnung ihrer Argumente durch den Kunden ist auch für die besten Verkäufer ein alltägliches Erlebnis. Auch sie stoßen regelmäßig auf eine Mauer, sie lassen sich ihre Stimmung und Laune jedoch nicht durch ihre Kunden vorschreiben. Sie tun dies selbst auf souveräne Art und Weise.

---

[1] *Sehen Sie auch Jan L. Wage:»Dynamische Verkaufsgespräche: Kunden überzeugen durch verkaufsaktives Sprechen«, Signum Wien, 1997, ISBN 3-85436-237-4.*

Verbleiben wir kurz bei der Körpersprache, die wir im Verkaufsgespräch einsetzen. Hierfür gibt es zwei Grundregeln:

✦ Ihre nonverbale Kommunikation soll möglichst positiv sein.
✦ Sie soll bestätigen, was Sie mit Worten sagen.

Hier sind einige Grundregeln für eine erfolgreiche Gesprächsführung mit Ihren Kunden. Zuerst meine „körpersprachlichen"
Empfehlungen:

Abzuraten ist:	Empfehlenswert ist:
☹ Zurücklehnen, Arme verschränken, Beine verschränken	☺ Sich nach vorne zu beugen, Hände geöffnet, Oberschenkel leicht geöffnet.
☹ Weniger als 50% der Gesprächszeit Augenkontakt zu behalten.	☺ 60 bis 70% der Gesprächszeit Augenkontakt zu behalten.
☹ Passiv und reglos zuzuhören, wenn der Kunde spricht.	☺ Mit dem Kopf zu nicken und zu schütteln während des Zuhörens.
☹ Mit verbissenem Mund zuzuhören und zu antworten.	☺ Freundlich zu lächeln, jeweils bevor Sie reagieren.
☹ Sich gegenüber dem Gesprächspartner zu setzen.	☺ Sich vorzugsweise über Eck zu setzen.
☹ Dem Kunden allzu nahe zu treten und „Reviergrenzen" zu verletzen.	☺ Die richtige Partnerschaftsdistanz von 60 bis 75 cm zu wahren.

Allgemeine Richtlinien für die Gesprächsführung sind folgende:

Abzuraten ist:	Empfehlenswert ist:
☹ Den Kunden nicht beim Namen anzusprechen.	☺ Den Namen des Kunden oft lächelnd auszusprechen
☹ Wenige oder nur geschlossene Fragen zu stellen.	☺ Regelmäßig offene Fragen zu stellen.
☹ Den eigenen Gesang routinemäßig herunterzuleiern.	☺ Sich ständig zu beziehen auf das, was Ihnen der Kunde gesagt hat.
☹ Auf alle Fragen gleich eine Antwort zu haben und ein Unwissen nie zuzugeben.	☺ Gelegentlich zugeben, daß Sie überfragt sind und die Antwort noch nicht kennen.
☹ Den Wert von Kunden-Ideen und -Auffassungen abzustreiten und recht haben zu wollen.	☺ Versuchen, die Ideen des Kunden als Ausgangspunkt zu nehmen und diese weiter zu erarbeiten.
☹ Zuerst Uneinigkeit mit Kunden-Meinungen zu äußern und erst nachher Ihre eigene Auffassungen zu begründen.	☺ Ohne Widerspruch zuerst Ihre eigene Thesen zu entwickeln und erst anschließend zu sagen, daß Sie also anderer Meinung sind.
☹ Zu sagen, daß Sie die Meinung und den Standpunkt des Kunden nicht verstehen.	☺ Zu sagen, daß Sie seine Meinung verstehen, auch wenn Sie selbst anderer Meinung sind.
☹ Geheimnisvoll zu tun und Informationen zurückzuhalten.	☺ Aufrichtig und offenherzig zu sein.
☹ Keine Kontrollfragen zu stellen und keine Zusammenfassungen zu geben.	☺ Gelegentlich zusammenzufassen, was bis jetzt von Ihnen, aber auch vom Kunden, gesagt wurde.

☹ Beim Kunden nichts zurück-zulassen.	☺ Immer etwas zurückzulassen, auch wenn es nur eine Visitenkarte ist.

4. Unbequeme Kunden und Ihre eigenen Emotionen

Die weitaus effektivste Strategie für den Umgang mit unbequemen Kunden, ohne sich ihrem nervenaufreibenen Verhalten zu ergeben, ist in einem Satz zusammenzufassen: „Verbitten Sie sich, das Opfer ihrer Tücken zu werden."
Anders gesagt, enttäuschen Sie die Hoffnungen, die der Unbequeme hegt! Entlohnen Sie sein Verhalten nicht! Folgen Sie diesen sechs Empfehlungen:

✦ Akzeptieren Sie gelassen, daß der Kunde ein manipulatives Verhalten zeigt!
Das tut er ja: Er möchte gar nicht redlich mit Ihnen kommunizieren. Er hält Ihnen auch das Interesse seines eigenen Unternehmens nicht vor Augen, er denkt nur an sich selbst.

✦ Versuchen Sie trotzdem, den Gesprächspartner zu verstehen und zeigen Sie Ihren guten Willen. Mit persönlichen Racheakten erreichen Sie nichts!

✦ Weil schwierige Kunden nicht veränderungsfähig sind, versuchen Sie, möglichst flexibel zu sein, vor allem, wenn Sie dadurch mehr erreichen können.

✦ Halten Sie sich Ihre langfristigen Ziele vor Augen. Wenn Sie bisher noch keine langfristigen Ziele hatten, dann ist es Zeit, diese zu entwickeln. Das bringt Ihnen den erforderlichen Abstand von täglichen Querelen und Unannehmlichkeiten.

✦ Lachen Sie nach einem Gespräch mit dem Unbequemen. Sehen Sie auch die humoristischen Aspekte jedes „schwierigen" Benehmens. Humor entspannt und entkrampft.

✦ Lassen Sie sich Ihre persönliche Lebensfreude nicht durch unbequeme Kunden „vermiesen". Bauen Sie einen starken Schutzwall rund um Ihr persönliches Wohlbefinden. Kein einziger Mensch hat das Recht, dieses Wohlbefinden anzugreifen oder zu beschädigen.

5. Der Einsatz der richtigen Sprache

Bevor ich die Galerie unserer unbequemen Kunden für Sie öffne, gehe ich noch kurz auf den Einsatz der richtigen Sprache im Kundenkontakt ein. Körpersprache darf dann eine wichtige Unterstützung sein, die Mundsprache bleibt jedoch noch immer das Wichtigste in jeder menschlichen Kommunikation.
Halten Sie sich bitte folgende Grundregeln vor Augen:

✦ *Derjenige, der eine Kommunikation anfängt, trägt die Verantwortung für ihr Gelingen und ihren Erfolg.*
Mit Ihren Kunden kommunizieren Sie, um bestimmte Zielsetzungen zu verwirklichen. Sie wollen etwas „verkaufen" oder wenigstens bestimmte Informationen vermitteln. Ein Verkaufsgespräch ist nur in den seltensten Fällen ein unverbindliches Gespräch an der Theke. Sie haben die Initiative zum Gespräch ergriffen und für das Wohlgelingen sind deswegen Sie und ist nicht der Kunde verantwortlich. Dazu setzen Sie Ihre Sprache ein. Manchmal haben Sie, wenn der Kunde Ihre Vorschläge nicht akzeptiert, falsch kommuniziert. Deswegen sagen Sie bitte nie: „Sie haben mich nicht gut verstanden ..." oder: „Vielleicht hörten Sie nicht, was ich gesagt habe ..." Denn nur Sie sind verantwortlich für das, was der Kunde hört und versteht.

✦ *Aggressive Ausdrucksweisen müssen Sie vermeiden!*
Ich beantragte einmal einen besonderen Telefonanschluß und zu diesem Antrag mußte ich einen Fragebogen ausfüllen. Eine Woche nachdem ich den ausgefüllten Vordruck an die Telefongesellschaft geschickt hatte, bekam ich ein Rückschreiben, das wie folgt anfing:
„Sehr geehrter Herr Bron,
Sie haben unsere Frage 9 im Vordruck falsch verstanden ..."
Gut, die Anrede bedeutete zwar noch nicht: „Sehr geehrter Herr

Bron, Sie Trottel", aber die Unterstellung war grundsätzlich falsch. Wenn ich den anderen nicht verstehe, sollte dieser andere zuerst untersuchen, ob seine Formulierungen richtig waren. Sie sehen jetzt auch klarer, was ich mit dem vorigen Punkt gemeint habe. Wer mit der Kommunikation anfängt, ist für den Erfolg verantwortlich. Was halten Sie von Textänderungen, die z.B. zu folgenden Sätzen führen?

„Punkt 9 des Vordrucks haben wir offensichtlich falsch formuliert ..." oder:

„Punkt 9 des Vordrucks erfordert eine nähere Erklärung unsererseits."

Im allgemeinen vermeiden Sie den aggressiven Sprachgebrauch, indem Sie das Wort „Sie" durch „ich" ersetzen. Hier sind einige Beispiele:

Aggressiv	Kooperativ
☹ Das sehen Sie falsch	☺ Da bin ich anderer Meinung
☹ Können Sie etwas deutlicher sprechen?	☺ Ich kann Sie nicht gut verstehhen
☹ Sie sollen jetzt entscheiden!	☺ Ich bin auf Ihre Entscheidung gespannt.
☹ Sie haben mich falsch verstanden!	☺ Ich habe mich nicht klar ausgedrückt.
☹ Sie sollten mir gegenüber Ihren Ton ändern.	☺ Ich habe einige Probleme mit diesem Gesprächston.

Wenn Sie Ihre Sätze rund um das „Ich" aufbauen, ist die Chance viel größer, daß Sie zu einer Kooperation mit dem Gesprächspartner kommen. So wurde es uns damals nicht beigebracht. Als Kind lernte ich, daß man einen Brief nie mit dem Wort „ich" anfangen sollte.
Man versuchte, mir eine komplizierte sprachliche Akrobatik

beizubringen, damit mein erster Satz bloß nicht mit einem „Ich"
anfangen würde.
Als ob ich mich für mein „Ich" schämen müßte.

Deswegen erhalten wir noch immer Briefe, die wie folgt anfangen:
„Anläßlich Ihres telefonischen Antrags haben wir das Vergnügen,
Ihnen die verlangten Unterlagen zuzuschicken …"
Wie sehr freuen wir uns über einen Brief, der ganz einfach sagt:
„Ich schicke Ihnen gern die von Ihnen verlangten Unterlagen …"

✦ *Sie sollen konkret und spezifisch sprechen.*
Der unbequeme Kunde nimmt jedes Mißverständnis zum Anlaß
für ein weiteres schwieriges Verhalten. Viele Mißverständnisse
entstehen durch verschwommene und unpräzise Aussagen, die
wir kennen, weil wir sie selbst tagtäglich hören. Wir ahmen sie
dann nach, ohne zu überlegen, daß sie uns nur Ärger bringen.
Beispiele solcher Aussagen sind:
  ✦ „Sie hören in Kürze wieder von uns!"
  ✦ „Wir schicken Ihnen die Sendung so bald wie möglich."
  ✦ [Am Telefon] „Einen Moment, bitte …"
Mit Ausdrücken wie „in Kürze" oder „so bald wie möglich" zeigen
wir dem Kunden gegenüber, daß wir uns gar keine Mühe gaben,
auch nur einen Moment lang für ihn nachgedacht zu haben. Wir
speisen ihn mit einer abgedroschenen Gummi-Phrase ab. Bedeu-
tet „in Kürze": zwei Tage? Bedeutet es: eine Woche? Beim „so
bald wie möglich" kann der Kunde sich dieselben Fragen stellen.
Deswegen sagen wir lieber spezifisch:
  ✦ „Am kommenden Dienstag erhalten Sie unsere Antwort."
  ✦ „Sie bekommen Ihren neuen Geschirrspüler schon am
     kommenden Mittwoch, im Laufe des Vormittags!"
Der „Moment" Wartezeit am Telefon sollte höchstens 15 Sekunden dauern. Sonst überlegt sich der Kunde: „Wenn ein verspro-
chener Moment bei dieser Firma schon 7 Minuten dauert, wie
kann ich mich dann noch auf ihre weiteren Zusagen verlassen?"

✦ *Vermeiden Sie negative Ausdrucksweisen.*
Wer seine Gedanken und seine Wünsche negativ äußert, vergrößert die Chance, daß auch die Reaktion des Gegenübers negativ ist. Wir sind jedoch leider allzuoft mit Hilfe von Negativ-Aussa-
gen erzogen worden.

30

Wenn wir unsere Schularbeiten ablieferten und von 10 Aufgaben hatten wir 2 falsch gemacht, wurden diese 2 Fehler mit rot oder einer anderen aggressiven Farbe gebrandmarkt, die 8 richtig geleisteten Aufgaben bekamen kaum Beachtung.

Je negativer Sie sprechen, umso wahrscheinlicher wird es, daß Sie nicht erreichen, was Sie beabsichtigen. Letztlich befand ich mich in einem etwas überhitzten Restaurant. Ein benachbarter Gast fragte den Oberkellner: „Es ist Ihnen wohl nicht möglich, das Fenster zu öffnen?" Merkwürdige Formulierung: Offensichtlich wünschte er sich ein geöffnetes Fenster. Die Formulierung seiner Frage legte dem Oberkellner schon die negative Antwort in den Mund: „Nein, das geht leider nicht!"
Selbst gerate ich gelegentlich auch in die Falle der Negativismen. Vorige Woche ging ich kurz vor Geschäftsschluß durch eine Straße und sah, daß der Inhaber einer Pommesbude seine Sachen schon zusammenräumte. „Hier kann ich sicherlich kein Bier mehr bekommen ...?" entschlüpfte mir die Frage. Der Inhaber antwortete mit einem mitleidigen Kopfschütteln. Im Rückblick bin ich sicher, daß eine positive Formulierung meines Bierbedürfnisses bessere Chancen gehabt hätte.

Auch in anderer Hinsicht neigen wir zum Negativismus und dieser verstärkt die Freundschaft nicht. Zum Geburtstag eines Freundes machte ich mich auf die Beine, um als Geschenk eine CD zu kaufen. Weil der Titel offensichtlich nur selten gefragt wurde, mußte ich meine Odyssee auf 8 Musikläden ausdehnen, bevor ich die gesuchte CD fand. Voller Stolz begab ich mich zum Geburtstagskind und überreichte ihm das in Mühsal und mit Schwitzen errungene Geschenk. Er öffnete die festliche Verpackung und seine Reaktion war: „Ooh! Das war nun doch gar nicht nötig gewesen! Das hättest Du nicht tun sollen!"
Gott sei Dank hat er sich doch noch bedankt ... Aber wozu dieser Vorspann, der den Schenker schon bedauern läßt, sich soviel Mühe gegeben zu haben.

Zum Schluß noch einige Negativ-Beispiele, die den Kunden nur reizen können.

◆ Die Menükarte eines Restaurants enthält die bedrohliche ge-druckte Ansage:
☹„Nach 21:30 Uhr werden keine Bestellungen mehr entge-gengenommen."
Es hätte nicht mehr Geld gekostet, zu drucken:
☺„Bis 21:30 Uhr nehmen wir Ihre Bestellungen gern entge-gen."

◆ Der Telefonautomat beantwortet unseren Anruf mit einem:
☹„Unser Büro ist zur Zeit leider nicht besetzt."
Das wissen wir schon, sonst wäre der Automat nicht einge-schaltet gewesen. Weshalb spricht man nicht folgenden Text aufs Band?
☺„Wir werden ab 14:00 Uhr wieder erreichbar sein. Falls Sie einen Rückruf wünschen, geben Sie uns bitte Ihren Namen und Ihre Telefonnummer bekannt."

◆ Ein Parfümerieladen meldet seinen Kunden:
☹„Wir schließen jeden Abend um 18:00 Uhr."
Warum den Ladenschluß melden, wenn man auch die La-denöffnungszeiten erwähnen kann?
☺„Wir betreuen Sie jeden Tag gern bis 18:00 Uhr."

Vielsagend ist im deutschsprachigen Raum, daß man immer von einem Ladenschlußgesetz spricht und nicht von einem Ladenöff-nungsgesetz! Leistet man seine Arbeit mit soviel Widerwillen, daß man nur die Ladenschlußzeiten in Gedanken hat?

Eine positive Sprache läßt sich erlernen! Es kostet allerdings am Anfang einige Anstrengung. Unser Lohn ist jedoch, daß wir uns viele unangenehme Augenblicke ersparen können. Das „Nein" des Kunden wird in vielen Fällen rückgängig gemacht. Eine positiv orientierte Wahl unserer Worte, zusammen mit einer „öffnen-den" Körpersprache, erleichtert den Verkaufsvorgang auch unbe-quemen Kunden gegenüber.

4 DAS VERKAUFSGESPRÄCH MIT DEM MACHTGIERIGEN KUNDEN

1. Wir sind Zeugen eines Gesprächs

Kollege Jochen Braun besucht seinen Kunden Konrad Gramberg und wird schon recht unherzlich empfangen.

Braun: „Einen recht wunderschönen guten Morgen wünsche ich Ihnen, Herr Gramberg."

Gramberg: „Sie sind aber 10 Minuten zu spät ..."

Braun: „Ich bitte um Entschuldigung! Der Verkehr hat die Verspätung verursacht."

Gramberg: „Sie hätten damit rechnen können und den Tag etwas früher anfangen sollen."

Braun: „Ich bitte Sie um Entschuldigung."

Gramberg: „Weil Sie verspätet angekommen sind, habe ich jetzt nur noch 10 Minuten für Sie zur Verfügung."

Braun: „Das wird reichen, Herr Gramberg."

Gramberg: „Falls Sie vorhaben, Ihr Produkt Multiflex vorzustellen, kommen Sie sogar mit weniger Zeit aus. Ich habe Ihre Broschüren gelesen. Nichts für mich, danke!"

Braun: „Ich möchte doch noch einige Worte dazu sagen."

Gramberg: „Ersparen Sie sich die Anstrengung. Ich entscheide hier schon, worüber ich sprechen möchte."

Braun: „Ich glaube, Herr Gramberg, daß Sie da einen Fehler begehen."

Gramberg: „Seit wann kann ein Verkäufer entscheiden, ob ich Fehler mache? Ein richtiger Verkäufer würde einem Kunden gegenüber mehr Respekt zeigen. Aber Sie wollen nur Ihre Argumente herunterleiern."

Braun: „Ich bedaure, daß Sie dies so betrachten."

Gramberg: „Selbst Schuld! Das Produkt, das Sie mir das letzte Mal empfohlen haben, war auch nicht besonders entzückend. Da sollte Ihre Firma ihre Hausaufgaben besser noch einmal machen. Nun zur Sache! Was haben Sie vor ...?"

Braun:	„Herr Gramberg, sind Sie an einem Produkt interessiert, das Ihnen Zeitgewinn bringt?"
Gramberg:	„In diesem Haus stelle ich die Fragen, mein lieber Freund. Ich befinde mich nicht auf einer Examensbank!"
Braun:	„Aber wenn ich Ihnen keine Fragen stelle, kann ich auch nicht wissen, welche Probleme Sie augenblicklich haben."
Gramberg:	„Probleme? Die habe ich gar nicht. Ich bin ein zufriedener und glücklicher Mensch. Versuchen Sie bitte nicht, mir zuerst einige Probleme anzudrehen, um mir dann später Ihre sogenannten Lösungen verkaufen zu können. Dann sollten Sie besser gleich gehen."
Braun:	„Es war sicherlich nicht meine Absicht, Ihnen Probleme anzudrehen, Herr Gramberg."
Gramberg:	„Dann kommen Sie bitte zurück, wenn Sie etwas klarere Absichten haben! Und halten Sie künftig auch den vereinbarten Termin ein. Schlampigkeit vertrage ich nun einmal schlecht. Auf Wiedersehen."
Braun:	„Auf Wiedersehen, Herr Gramberg."

Natürlich ist dieses „Hörspiel" etwas übertrieben und überspitzt dargestellt, denn nur eine Karikatur zeigt uns das Wesentliche der Realität. Kunde Gramberg hat alle Eigenschaften eines machtgierigen Kunden, der vor allem die Demütigung des Verkäufers anstrebt. Diese Gesprächstaktik führt leicht zu unserer inneren Verunsicherung. „Wieso benimmt sich dieser Mensch mir gegenüber so unangenehm? Bin ich denn wirklich ein so schlechter Verkäufer?" Sie kann zu der Resignation führen. „Ich sehe hier gar keinen Ausweg mehr."

Oder die blanke Wut erfaßt uns: „Was meint dieser aufgeblähte Frosch? Daß er mich demütigen kann? Ich werde ihm mal zeigen, daß ich mir nicht alles gefallen lasse!"

Falls Sie solche machtgierigen Personen nicht in Ihrem Kundenkreis finden, kann dies zwei Ursachen haben. Entweder Sie haben Glück, daß man so unfreundliche Kunden in Ihrem Bezirk vergebens sucht, oder aber Sie sind in Ihrer Kundenwahl sehr selektiv vorgegangen und haben einen großen Bogen um solche Kunden gemacht. Ein Verkäufer, der seine Kunden aufgrund ihrer Liebenswürdigkeit selektiert, wird es jedoch nicht weit bringen.

34

Mit Sicherheit gibt es solche Kunden wie Herrn Gramberg, und wir sollten ihnen nicht aus dem Wege gehen!
Der Machtgierige tobt sich vorzugsweise während des ersten Gesprächs aus! Wenn man sich einmal besser kennengelernt hat, zeigt sich der ehemalige Grobian oft von seiner feineren Seite.
Bedenken Sie immer: auch der Machtgierige hat zu Hause eine Frau, die ihn liebt, Kinder, die für ihn schwärmen, und einen Hund, der ihm die Treue hält.

2. Verhaltensmerkmale

Auf der nonverbalen Ebene kann man den Machtgierigen wiedererkennen, indem er sich weitschweifend gebärdet und sich auch im Gepsräch physisch strapaziert. Seine Stimme ist meistens hart und er hat die Neigung zu schreien, auch wenn ein ruhiger Tonfall gereicht hätte. Er hat ein ausgesprochenes Revierverhalten: Er bevorzugt einen Präsidial-Schreibtisch und verschanzt sich in einem Leder-Bürostuhl. Für Sie hat er einen kleinen Stuhl vor der Schreibtisch-Barrikade bereitgestellt.

Die Verhaltensmerkmale sind wie folgt:

✦ *Imponiergehabe:* Er versucht, Sie durch verbale Gewalt zu demütigen. Falls dies gelingt, wird sein Machtbedürfnis befriedigt.

✦ *Herrschsucht:* Er versucht, sich auf einem hohen Sockel zu etablieren, so daß er auf uns herabgucken kann.

✦ *Angriffslustig:* Er wird schnell böse. Der Moment der Erbosung läßt sich schwierig vorhersagen. Er ist leicht entflammbar.

✦ *Sturheit:* Er ist hartnäckig, fast nie einverstanden mit Vorschlägen oder Ideen, die er nicht selbst erfunden bzw. geäußert hat. Meistens ist er erzkonservativ: Änderungen verabscheut er, vor allem wenn diese von anderen Personen vorgeschlagen werden.
Er hört also nicht gern auf andere Menschen, bestimmt nicht auf Verkäufer.
Seine Zielsetzung ist die „Underdog"-Position des Gesprächspartners. Wenn er dies erreicht, ist er stolz und siegesbewußt. Eigentlich lassen sich seine Gedanken in drei Sätzen zusammenfassen:

✦ „Erst wenn Du völlig mit mir einverstanden bist und Dich nach meinen Launen richtest, werde ich meine Aggressionen beenden."

✦ „Wenn Du mich fragst, wie Du etwas erreichen kannst, wirst Du zuerst eine Fuhre Kritik über Dich ergehen lassen müssen."
✦ „Meine Meinungen und meine Arbeitsmethoden sind für Dich entscheidend. Nur wenn Du dies akzeptierst, bleibt Dir meine Aggression erspart."

Bei machtgierigen Menschen wird der Begriff „Kontrolle" großgeschrieben, weil dies die einzige Methode ist, „Macht" zu behalten. Ihren Mitarbeitern gegenüber suchen sie eher die Konfrontation als die Motivation. Warum sie so sind, habe ich schon in einem vorigen Kapitel erklärt. Teilweise basiert ihr Verhalten auf einer inneren Unsicherheit, die Kompensation erfordert.

3. Ihr Umgang mit dem machtgierigen Kunden

Zuerst listen wir auf, was Sie nicht tun sollten:
✦ Beziehen Sie die Aggression nicht auf sich persönlich. Anderen gegenüber reagiert er auf genau dieselbe Weise.
✦ Machen Sie sich nicht „klein", denn das ist genau, was er anstrebt.
✦ Lenken Sie nicht allzu schnell ein: ein leicht errungener Sieg macht ihn nur hungriger nach mehr.
✦ Zeigen Sie nie, daß Sie sich persönlich verletzt fühlen.
✦ Machen Sie keinen großen Bogen um ihn herum.
✦ Vermeiden Sie Gegenaggressionen.

Wie gehen Sie nun richtig mit ihm um?
✦ *Bleiben Sie standhaft:* Der „standhafte" Mensch ist nicht aggressiv. Er beharrt nur ruhig auf seiner Meinung und seinen Ideen. Sie hören natürlich ruhig zu, was Ihr Gesprächspartner sagt, Sie ändern Ihre Ideen aber nicht, es sei denn, daß Sie wirklich durch ihn überzeugt werden.
✦ *Schonen Sie sein Ego:* Bedenken Sie auch, was eine „Niederlage" für den machtgierigen Gesprächspartner bedeutet. Ihr „Ego" ist ja das Wichtigste, was sie kennen und anerkennen!
✦ *Bleiben Sie ruhig:* Sich aufregen ist das allerletzte, was Sie tun sollten. Üben Sie sich in Gelassenheit. Schweigen Sie höflich und freundlich, während er „Dampf abläßt".

◆ *Vermeiden Sie die Debatte:* Direkter Widerspruch sollte vermieden werden. Senden Sie vorzugsweise die schon behandelten „Ich-Botschaften" aus. „Sie-Botschaften" sind gefährlich.

Kernsätze, die einen Beispielwert haben:
◆ *Standhaft bleiben:* „Herr Gramberg, ich habe eine Lösung für Ihre Situation."
Wenn er dann aggressiv reagiert, wiederholen Sie in genau demselben Tonfall wortwörtlich: „Herr Gramberg, ich habe eine Lösung für ihre Situation." Diese Wiederholung kennt man auch als die Technik der „Schallplatte mit Sprung"[1]. Wenn man seine Stimme nicht aggressiv hebt und nicht versucht, seinen Satz textlich zu ändern, ist diese Technik sehr erfolgreich.
◆ *Das Ego schonen:* „Herr Gramberg, Sie bringen da wirklich wichtige Argumente, die vollkommen zutreffen. Ich höre jedoch gern Ihre Meinung über einige ergänzende Gedanken zu dem, was Sie sagen."
Wiederholen Sie recht häufig den Namen des Angesprochenen. Es ist für ihn der wichtigste Name der Welt. So schonen und verstärken Sie sein Ego, ohne dabei einzulenken zu müssen.
Und wenn das Gespräch wirklich in einer Sackgasse zu enden scheint:
„So kommen wir nicht weiter, Herr Gramberg. Ich möchte zuerst einmal darüber nachdenken,was Sie gesagt haben. Ich schlage deswegen einen neuen Termin vor. Dann haben wir uns beide überlegen können, wie man am besten vorgehen kann."
◆ *Debatten vermeiden:* „Sie haben einige Argumente sehr klar formuliert, Herr Gramberg, was Sie sagen leuchtet mir ein. Können Sie mir deswegen Ihre Meinung zum folgenden Vorschlag sagen ...?" usw.

4. Ein Mustergespräch

Gehen wir einmal davon aus, daß unser Kollege Jochen Braun seine Lektion gelernt und den Umgang mit machtgierigen Kunden geübt hat.

---

[1] *Jan L. Wage:* »Psychologie & Technik des Verkaufsgesprächs«, *Verlag moderne industrie, Landsberg/L., 12. Auflage, 1994, ISBN 3-478-22632-5*

Dann kann das Gespräch in etwa wie folgt ablaufen:

Braun: „Einen recht wunderschönen guten Morgen wünsche ich Ihnen, Herr Gramberg."

Gramberg: „Sie sind aber 10 Minuten zu spät."

Braun: „Sie haben recht. Es ist nicht meine Gewohnheit. Entschuldigen Sie, daß ich Sie warten ließ."

Gramberg: „Weil Sie verspätet eingetroffen sind, habe ich jetzt nur noch 10 Minuten für Sie zur Verfügung."

Braun: „Ich werde mich danach richten, Herr Gramberg, und den Beitrag des Multiflex-Systems als Zeitgewinn-Faktor in 10 Minuten zusammenfassen."

Gramberg: „Darüber wollen Sie sprechen? Das haben wir doch schon voriges Mal behandelt?"

Braun: „Korrekt, Herr Gramberg, Sie haben recht. Ich habe Ihre Vorteile, die sich aus dem System ergeben, offensichtlich nicht klar genug hervorgehoben. Jedenfalls habe ich einen Punkt versäumt. Bei vergleichbaren Unternehmen hat es zu 20% Zeitersparnis geführt."

Gramberg: „Ein Verkäufer ist doch wie der andere! Schöne Worte, die einem goldene Berge versprechen! Viel Geschrei um nichts!"

Braun: „Da bin ich zwar anderer Meinung, Herr Gramberg, weil Sie aber unter Zeitdruck stehen, sollten wir darüber nicht debattieren.
Gestatten Sie nur die eine Frage: Falls es möglich wäre, 20% Ihrer Produktionszeit einzusparen, wären Sie dann am Multiflex-System interessiert?"

Gramberg: „Ich bleibe mißtrauisch. Es sei denn, Ihre Argumente sind sehr überzeugend."

Braun: „Das ist eine vernünftige Einstellung, Herr Gramberg ... Das Multiflex-System funktioniert folgendermaßen ... usw."

Der Unterschied zu dem anfangs wiedergegebenen Gespräch ist, daß unser Freund Jochen Braun sich nicht von emotionalen Reaktionen steuern läßt. Er zeigt sich nicht angriffslustig, denn damit wäre eine Eskalation der Unstimmigkeiten gefördert worden. Auf einige aggressive Kundenbemerkungen geht er gar nicht ein und damit zeigt er seine ruhige Beharrlichkeit.

Glauben Sie mir: Auch machtgierige Kunden, wie Herr Gramberg, müssen irgendwo einkaufen! Dabei wenden sie sich vorzugsweise nicht an Verkäufer, die sich niederknüppeln lassen, sondern an die Kollegen, die sie respektieren.

Mancher machtgierige Kunde ist zu einem guten Abnehmer herangereift, weil der Verkäufer ihm auf die richtige und effektive Weise entgegentrat.

5. DAS VERKAUFSGESPRÄCH MIT DEM HINTERHÄLTIGEN

1. Zur Einführung wieder ein „Hörspiel"

Unser Kollege Georg Grünwald vertritt einen Spielwaren-Hersteller. In letzter Zeit hat die Firma eine neue Produktlinie auf den Markt gebracht, die voll und ganz für Kleinstkinder gemeint ist. Georg Grünwald ist eingeladen worden, eine Präsentation vor den Einkäufern eines Kaufhauses abzuhalten. Einer dieser Einkäufer, Herr Achterbax, ist ein hinterhältiger Typ. Das werden wir sofort feststellen können.

Grünwald: „Guten Morgen, meine Damen und Herren. Zuerst bedanke ich mich für Ihre freundliche Einladung".

Achterbax: „Freundlich? Naja, das wird sich noch erweisen. Viel Zeit habe ich nicht!."

Grünwald: „Ich kann mich kurz fassen. Eigentlich handelt es bei der neuen Produktlinie von „Babyland" nur um einige Grundprinzipien ..."

Achterbax: „Grundprinzipien? Oder Abgrundprinzipien?"

Gruppe: [Schmunzelt, ist interessiert, ob und wie der Verkäufer sich aus der Klemme zieht.]

Grünwald: „Nein nein, ich spreche von Grundprinzipien. Meine Firma, „Babyland" wird über drei Schienen die wichtige Zielgruppe der Großeltern ansprechen".

Achterbax: „Doch nicht genauso, wie Sie damals mit der Kinderfoto-Aktion vorgingen?"

Grünwald: „Na ja, ich weiß, daß diese Aktion nicht zu einem Großerfolg geführt hat. Aber diesmal hat unsere Marketing-Abteilung es sich anders überlegt. Wir werden auf drei Schienen vorgehen. Die erste bearbeitet den Markt über die Großeltern. Zweitens gibt es eine Geburtstags-Aktion. Und drittens werden schon einen Monat vor dem Geburtstag Bestellkarten verschickt. Die Kosten dieser Aktion belaufen sich auf ca. 525.000,– Schillinge/67.300,– DM und wir rechnen mit einer Beteiligung von nur 40% Ihrerseits."

Achterbax: „Danke für das schöne Geschenk, das wir aus eigener Tasche bezahlen dürfen ..."

Gruppe: [Lacht, munkelt zustimmend.]

Grünwald: „Vergessen Sie nicht, daß wir die Einführungswerbung voll und ganz auf unsere eigene Rechnung durchgeführt haben. Was halten Sie von unserem Vorschlag?"

Achterbax: „Legen Sie denn wirklich Wert auf unsere Meinung? Oder ist der Plan schon fix und fertig vorfabriziert?"

Auch hier haben wir das Verhalten eines Gesprächsteilnehmers karikiert wiedergegeben, damit wir die Wirklichkeit vergrößert unter die Lupe nehmen können. Herr Achterbax ist ein geborener Intrigant. Und Sie sind zu einer Höflichkeit verpflichtet, die Sie machtlos erscheinen läßt. „Was hat er gegen mich?" fragen Sie sich verzweifelt. „Er macht mich auf schlaue Weise lächerlich und ich fühle mich bloßgestellt." „Warum hilft mir keiner der anderen?"

Auch Sie haben vielleicht die allzumenschliche Neigung, diese hinterhältigen Intriganten nicht zu treffen oder, wenn eine Begegnung unvermeidlich ist, ihre Äußerungen zu ignorieren. Der Hinterhältige operiert meistens mit „Rückendeckung" einer Gruppe. Er meidet das individuelle spöttische Streitgespräch, weil er sich nicht bloßstellen möchte und einen Gegenangriff befürchtet. Falls er auf individueller Basis mit Ihnen spricht, spielt er Ihre Mitbewerber gegen Sie aus, spöttisch und plaudernd, nicht wie man es von einem sachlich eingestellten Einkäufer erwartet. Er intrigiert mit Ihnen gelegentlich gegen Ihre Mitbewerber. Mit Ihren Mitbewerbern intrigiert er aber genausooft gegen Sie.

2. Verhaltensmerkmale

Im Prinzip ist der Hinterhältige oder Meuchelmörder eine weniger auffällige Persönlichkeit als der Machtgierige, den wir schon kennen. Anfangs bleiben sie manchmal unbeobachtet. Wie Reptilien schlängeln sie sich unauffällig durch das Gebüsch. Wenn sie sich ihrer Sache sehr sicher fühlen, attackieren sie, und zwar in dem Moment, wenn es Ihnen am wenigsten paßt.

Ihre Verhaltensmerkmale sind also:

✦ *Heuchelei:* Im Prinzip wird er die direkte Konfrontation mit Ihnen vermeiden.

Er greift Sie rücklings an. Kritik spricht er nicht gleich offen und ehrlich aus, er „pökelt" sie ein bis zum ihm passenden Moment, meistens wenn es Ihnen nicht gelegen kommt.

✦ *Sprachwendungen:* Er äußert sich in Sarkasmen und doppelbödigen Kommentaren, in spöttischer Rhetorik und abwertenden Bemerkungen, die den Kern der Sache umgehen. „Man sagt doch von Ihrer Firma ..." ist sein geliebter Vorspann. Er hausiert also mit Gerüchten.

✦ *Rückzug:* Wenn Sie ihm Paroli bieten, transformiert er sich plötzlich in ein Unschuldslamm. Sein Rückzieher ist dann meistens ein: „Ach was? Vertragen Sie keinen Scherz mehr? War doch nur ein Witz? Man sollte nicht so empfindlich sein!"

✦ *Cliquenbildung:* Er wird zuerst versuchen, durch konspirative Techniken und Heuchelei seine Rückendeckung zu sichern, bevor er sich in die Arena eines offenen Gesprächs wagt.

✦ *Keiltreiberei:* Er versucht ständig, Menschen gegeneinander auszuspielen, auch wenn dies nur mit Halbwahrheiten möglich ist. Er versucht, aus der Presse zu entnehmen, was gegen Sie plädiert. Anstatt dies offen zu sagen, lichtet er für Sie „ungünstige" Presse-Ausschnitte ab und verteilt diese am Vorabend der Besprechung unter seinen Kollegen.

Das Bild ist klar: „Divide et impera" („Teile und herrsche") ist sein Wahlspruch. Auch er versucht, Sie kleinzukriegen. Weil er dies über den Weg der Ironie und des Sarkasmus leistet, bringt es ihm einen doppelten Spaß.

Seine gedankliche Einstellung ist:

✦ „Legen Sie mir keinen einzigen Stein in den Weg!
Sonst ziehe ich im mir passenden Moment eine unangenehme Überraschung für Sie aus meinen Hemdsärmeln."

✦ „Leisten Sie bitte keinen Widerspruch, sonst säble ich Sie um, und ich mache Sie vor der Gruppe lächerlich."

✦ „Versuchen Sie nicht, mit Witzigkeiten auf meine „Witze" zu reagieren. Denn ich bin schlauer und ich habe die Lacher auf meiner Seite."

✦ „Ich bin eigentlich der ehrlichste Mensch in der ganzen Gruppe: Meine Kritik äußere ich ja! Und ich entblöße Ihre Schwachstellen! Mein Spott ist nur ein Warnschuß! Es könnte auch ernst werden ...!"

3. Der Umgang mit dem Hinterhältigen

Was Sie nicht tun sollten:

✦ Unterschätzen Sie den Einfluß eines Hinterhältigen nicht! Seine Wirkung kann sehr destruktiv sein und schadet Ihrer Sache mehr als Sie anfangs vermuten.

✦ Geben Sie einem Intriganten gegenüber nicht nach. Die bedingte Zustimmung, die zum Thema „Einwandbeseitigung" gehört, ist hier fehl am Platz.

✦ Lassen Sie sein Verhalten auch nicht passiv über sich ergehen. Das deutet er als Machtlosigkeit und er piesackt Sie weiter.

✦ Seien Sie nicht allzu geduldig, in der Hoffnung, daß sein Verhalten nur eine vorübergehende Erscheinung ist, die schnell abklingen wird, wenn Sie nicht reagieren. Denn diese Hoffnung ist nicht mehr als eine Illusion.

Was sollen Sie dann unternehmen?

✦ *Ertappen Sie ihn auf frischer Tat:* Erwecken Sie nicht den Eindruck, daß er Sie „unbestraft" angreifen kann. Zeigen Sie, daß Sie ihn durchschauen.

„Gehe ich richtig in der Annahme, daß dies ein persönlicher Angriff ist?"

✦ *Erwarten Sie seine Verneinung:* Natürlich hat er es nicht als einen persönlichen Angriff gemeint, wird er jedenfalls sagen. Begnügen Sie sich mit dieser Antwort. Gehen Sie nicht weiter auf seine Bemerkungen ein, sonst wird er nachträglich doch noch entlohnt.

✦ *Beteiligen Sie die Gruppe:* Fragen Sie die anderen Gruppenteilnehmer, wie ihre Stellungnahme ist. Zeigen Sie, daß Sie die gehässige Bemerkung gehört haben. Fragen Sie den freundlichsten Gesprächsteilnehmer, ob er die Einstellung des „Hinterhältigen" teilt. Fragen Sie auch noch einen zweiten Teilnehmer. Falls dadurch eine Diskussion innerhalb der Gruppe entsteht ... mischen Sie sich nicht ein.

♦ *Versöhnen Sie sich wieder:* Keine Racheakte bitte! Keine Demütigung vor der Gruppe! Lassen Sie Ihren „Gegner" sein Gesicht wahren.
Seien Sie – wenn er sich weiter richtig verhält – besonders freundlich zu ihm. Sprechen Sie eventuell unter vier Augen ihren „Konflikt" aus.

Es handelt sich im Verkauf nie um das Gewinnen einer Debatte oder um das Zerschlagen eines Gegners. Es handelt sich allerdings um eine Fortsetzung des Gesprächs, und zwar auf eine akzeptable Weise. Ein hartes Vorgehen, aber ruhig und ohne Empörung, ist in diesen Fällen gefragt. Der hinterhältige „Meuchelmörder" sollte entdecken, daß Sie sich nicht als Opfer mißbrauchen lassen.

Einige Mustersätze:
♦ *Auf frischer Tat ertappen:* „Was meinten Sie, Herr Achterbax, als Sie soeben Ihren Daumen nach unten streckten?"
„Was wollten Sie mir sagen, Herr Achterbax, als Sie Ihren Kopf so spöttisch schüttelten?"
„Natürlich haben Sie jetzt die Lacher auf Ihrer Seite, Herr Achterbax. War Ihre Bemerkung jedoch sachlich gemeint oder versuchten Sie nur, mich lächerlich zu machen?"
♦ *Die Gruppe mit hineinbeziehen:* „Danke für Ihren Diskussionsbeitrag, Herr Achterbax. Darf ich fragen, meine Damen und Herren, ob Sie die Einstellung und Auffassung von Herrn Achterbax teilen?"
„Herr Winterschlag, Sie hörten, was Herr Achterbax sagte. Sind Sie mit ihm einverstanden? Oder vertreten Sie eine andere Meinung?"
♦ *Die Aussöhnung:* „Herr Achterbax, es wäre für die anderen Gesprächsteilnehmer wahrscheinlich ein reiner Zeitverlust, jetzt auf Ihre Bemerkung einzugehen. Können wir uns nach dieser Besprechung zusammensetzen, um Ihre Bemerkung zu klären?"

4. Ein Mustergespräch

Wiederum steht Georg Grünwald vor der Gruppe und er fängt an, wie am Anfang dieses Kapitels schon beschrieben.

Grünwald: „Guten Morgen, meine Damen und Herren. Zuerst bedanke ich mich für Ihre freundliche Einladung!"

Achterbax: „Freundlich? Naja, das wird sich noch erweisen. Viel Zeit habe ich nicht!"

Grünwald: „Auch unter Zeitdruck können Sie, Herr Achterbax, mit Sicherheit freundlich sein! Ganz kurz gefaßt: „Babyland" wird über drei Schienen die wichtige Gruppe der Großeltern ansprechen."

Achterbax: „Doch nicht genauso, wie Sie damals mit der Kinderfoto-Aktion vorgingen?"

Grünwald: „Da haben wir einige Fehler begangen, aus denen wir gelernt haben. Seitdem hat sich der Marktanteil von „Babyland" um 20% gesteigert. Allzu lange brauchen wir also nicht bei der Vergangenheit zu verweilen."
[Er erklärt die Details der Sonderaktion]
Die Kosten der Gesamtaktion belaufen sich auf öS 525.000,–/67.300,– DM. Wir rechnen – wie gehabt – mit einer Beteiligung von nur 40% Ihrerseits."

Achterbax: „Danke für das schöne Geschenk, das wir aus eigener Tasche bezahlen dürfen."

Grünwald: „Herr Achterbax, ich schlage vor, daß wir zwei uns nach dieser Besprechung zusammensetzen, um die Budget-Probleme gemeinsam zu erörtern. Dann brauchen wir die Zeit der anderen Gesprächsteilnehmer dafür nicht zu beanspruchen."
[Wendet sich an die Gruppe]
„Können wir jetzt die Einzelheiten der Kampagne besprechen? Frau Großberg, haben Sie noch Fragen? Oder Sie, Herr Achenbach?"

Sie stellen fest, daß Georg Grünwald sich nicht durch Herrn Achterbax aus der Fassung bringen ließ. Er reagiert kurz, aber effektiv, auf die bösen Bemerkungen, bleibt unbeirrt. Er zeigt deutlich, daß er sie gehört hat, weil ignorieren als Feigheit gedeutet werden könnte. Weil Herr Achterbax sich in seinen Bemerkungen ständig an die Gruppe gewendet hat, bezieht unser Kollege Georg die Gruppe unmittelbar ein. Damit vermeidet er, dem hinterhältigen Achterbax eine „Niederlage" zu verabreichen. Das unbequeme Verhalten dieses Kunden sollte nicht „entlohnt" werden, dann hört es meistens nach kurzer Zeit auf. Oder aber der Herr Achterbax wird von der Gruppe korrigiert.

6 DAS VERKAUFSGESPRÄCH MIT DEM VERSCHWIEGENEN KUNDEN

1. Wie üblich: Ein Gespräch als Einleitung

Pharmareferent Stefan Schwarzer stellt seine Präparate dem Facharzt Dr. Dirk Stillwasser vor. Dieser Arzt ist jedoch sehr verschwiegen, so daß man meinen könnte, daß seine Verschwiegenheit eigentlich ein Manipulationsverhalten ist.

Schwarzer: „Guten Morgen, Herr Dr. Stillwasser."

Stillwasser: [Schweigendes Kopfnicken. Dann ein langer Seufzer]

Schwarzer: „Ich habe hier eine gute Nachricht für Sie. Daran sind Sie sicherlich interessert?"

Stillwasser: „Können Sie sich bitte kurz fassen?"

Schwarzer: „Das werde ich tun! Die Krankenkassengremien haben sich wieder über unser Medikament Sinequal geäußert. Sind Sie mit diesen Äußerungen einverstanden?"

Stillwasser: [Leise] „Nein!"

Schwarzer: „Haben Sie also Probleme mit diesem Standpunkt?"

Stillwasser: [Seufzt] „Ach, was soll es?"

Schwarzer: „Sie möchten wahrscheinlich nicht über dieses Thema sprechen?"

Stillwasser: „Nein, lieber nicht!"

Schwarzer: „Obwohl diese Entscheidung für Sie auch Vorteile bringen kann! Sind Sie damit einverstanden?"

Stillwasser: „Ach, wenn Sie es sagen ...!"

Schwarzer: „Herr Dr. Stillwasser, ich möchte gern Ihre Meinung hören. Sonst läßt sich über Sinequal nichts Vernünftiges sagen ..."

Stillwasser: [Sucht auf dem Schreibtisch seine Unterlagen] „Ich habe heute noch viel Arbeit zu erledigen."

Schwarzer: „Dann komme ich ein anderes Mal zurück, wenn Sie mehr Zeit für mich haben."

Stillwasser: „Wie Sie wollen ..."

Schwarzer: „Auf jeden Fall lasse ich einige Unterlagen bei Ihnen zurück. So daß Sie sich einigermaßen orientieren können."

Stillwasser: „Tun Sie das!"

Schwarzer: „Ist es Ihnen recht, daß ich im Vorbeigehen kurz mit der Apothekerin spreche, damit auch sie informiert ist?"

Stillwasser: „Nichts dagegen! Auf Wiedersehen!"

Schwarzer: „Auf Wiedersehen, Herr Doktor!"

Gut, auch dieser Dialog ist vielleicht dick aufgetragen, damit Sie besser sehen, wo die Probleme liegen. Der Facharzt sagt möglichst wenig, damit der Verkäufer zu einem Monolog verführt wird. In dieser Hinsicht ist für uns der Verschwiegene wahrscheinlich noch unbequemer als seine schon beschriebenen Vorgänger. Denn er bietet die wenigsten Angriffspunkte. Machen wir doch gleich den Unterschied zwischen einer verlegenen Person und einer Person, die das Schweigen bewußt als Taktik einsetzt. Eine verlegene Person möchte gern dasjenige sagen, was sie aber nicht sagen kann. Ein Schweigetaktiker sagt aus eigenem freiem Willen nicht, was er jedoch ohne weiteres sagen könnte! Das Ergebnis ist anscheinend dasselbe, die innere Einstellung der beiden ist jedoch grundverschieden.

Der verschwiegene Kunde erweckt in uns folgende negative Gefühlsreaktionen:

✦ *Verwirrung:* „Weshalb reagiert er nicht deutlich?" „Was stört ihn? Will er gar nicht mit mir sprechen?"

✦ *Schuldgefühl:* „Habe ich vielleicht etwas Falsches gesagt?" „Habe ich vielleicht früher etwas getan, was ihn irritiert hat?"

✦ *Wut:* „Er läßt mich bewußt festfahren. Das macht ihm Spaß!"

✦ *Demotivation:* „Es hat gar kein Zweck, mit dieser Person ein Gespräch zu führen. Man bekommt von ihm keine anständige Antwort, was immer man auch sagt!"

Die Schweigetaktik wird oft eingesetzt, um keine Verantwortung auf sich nehmen zu müssen. Man hat ja nichts gesagt. Nur der andere hat gesprochen.

Auch hier müssen wir bedenken: Das Schweigen ist ein situativ geprägtes Verhalten, bei anderen Gelegenheiten ist der „Stillwasser" aus unserem Hörspiel wahrscheinlich ein flotter Diskutant.

2. Verhaltensmerkmale

Der moderne, gut geschulte Einkäufer braucht das „taktische Schweigen" nicht unbedingt, obwohl er es vielleicht gelegentlich einsetzt. Es gibt aber immer noch Überbleibsel aus einer Vergangenheit, die das Schweigen nur als „Imponiergehabe" einsetzt. Man kann den Verschwiegenen anhand folgender Merkmale wiedererkennen:

✦ *Mund zu:* Er überläßt Ihnen den Monolog, vermittelt auch nur ein Mindestmaß an für Sie nützlichen Informationen. Er kennt die Antworten, spricht sie aber nicht aus.

✦ *Einsilbigkeit:* Falls er überhaupt antwortet, versucht er es jeweils nur mit einem Wort zu tun, vorzugsweise mit einem „Ja" oder „Nein".

✦ *Geheimniskrämerei:* Indem er Ihnen den Hintergrund seiner Verschwiegenheit nicht offen erklärt, haben Sie den Eindruck, daß etwas Bedrohliches für Sie verborgen bleibt.

✦ *Unverbindlichkeit:* Sie versuchen, sich auf unverbindliche Worte und Sätze zu beschränken: „Keine Ahnung", „Wenn Sie es sagen ...", „Machen Sie nur ...", „Ach, was soll es?"

Bewußt oder unbewußt weiß dieser Kunde, daß seine meisten Mitmenschen allergisch gegen das Schweigen sind, daß die Stille etwas beunruhigend auf sie einwirkt, wie die Stille vor dem Sturm. Das Schweigen eines Gesprächspartners beeindruckt uns mehr als seine eventuelle Redseligkeit.
Einer beharrlich schweigenden Person oder, – schlimmer noch – Gruppe, fühlen wir uns schutzlos ausgeliefert. Dies weiß der unbequeme Verschwiegene. Sein Gedankenablauf ist wie folgt:

✦ „Wenn Sie mich in Ruhe lassen, haben Sie keine Probleme mit mir."
✦ „Versuchen Sie nicht, mich zu beeinflussen, ich bin nun einmal, wer ich bin."
✦ „Indem ich schweige, müssen Sie sich weiter nach vorn wagen und sich eventuell bloßstellen."

✦ „Deuten Sie mein Schweigen ruhig als Stille vor dem Sturm. Der geht ja los, wenn Sie etwas Falsches sagen oder tun."

3. Grundregeln für den Umgang mit dem Verschwiegenen

Wiederum sage ich zuerst, was Sie unbedingt nicht machen sollen. Anschließend werden die Benimmregeln aufgelistet.

✦ Stürzen Sie sich nicht in die Monolog-Falle. Akzeptieren Sie die Schweigetaktik nicht. Denn das ist genau, was der Verschwiegene anstrebt und demzufolge sein Erfolgserlebnis bewirkt.
✦ Suchen Sie den Fehler nicht im eigenen Verhalten.
✦ Äußern Sie sich nicht kritisch über das Schweigen des Kunden, denn das macht die Situation noch schlimmer.
✦ Schweigen Sie nicht beharrlich zurück, denn dann entsteht eine Pattstellung.
✦ „Zurückschweigen" ist jedoch in einzelnen Fällen zu empfehlen.

Wie sind nun die richtigen Reaktionen?

✦ *Öffnende Fragen:* Stellen Sie nur Fragen, die weder mit „Ja" noch mit „Nein" beantwortet werden können. Ersetzen Sie solche Fragen durch andere, die mit: „Wie", „Was" „Welche" und „Warum" anfangen. Wenn der Kunde auf diese Fragen antwortet, blenden Sie auch einige „Wann"- und „Wo"-Fragen ein.
✦ *Körpersprache:* Setzen Sie eine positive Körpersprache ein. Behalten Sie den Augenkontakt, Ihren Kopf etwas zur Seite geneigt, Ihren Oberkörper ein wenig nach vorn gebeugt.
Zeigen Sie mimisch, daß Sie eine Antwort erwarten.
Üben Sie Ihre Geduld und warten Sie, bis seine Antwort kommt.
✦ *Schweigebeständigkeit:* Keine Angst vor dem Schweigen! Versuchen Sie keine „Verlegenheitslösungen", um der Stille zu entkommen.
Wenn Sie eine Frage gestellt haben: Geben Sie nicht selbst die Antwort, weil Sie die des Kunden nicht abwarten können. Die Verführung ist groß, die Spannung des Schweigens zu beheben. Tun Sie es nicht.
✦ *Das Schweigen besprechen:* Fragen Sie, ohne beschuldigenden Ton, weshalb der Kunde so wortkarg ist. Verlagern Sie das The-

ma vom Gesprächsinhalt zur Gesprächsweise. Versuchen Sie zu besprechen, was den Kunden daran hindert, normal mit Ihnen zu reden.

✦ *Ein neuer Termin:* Falls Sie für die empfohlene Geduld zu wenig Zeit haben, weil sonst andere Termine darunter leiden: Vereinbaren Sie einen neuen Termin. Von sich aus wird der Verschwiegene dies nie tun.

Noch eine kurze Bemerkung über das „Zurückschweigen". In einer Situation, in der die Schweigetaktik eingesetzt wird, gilt derjenige, der als erster die Kommunikation wiederaufnimmt, als „Verlierer" des Schweigekampfes. Auch am Telefon haben Sie vielleicht schon erfahren, daß ein angemessenes Schweigen Ihren Gesprächspartner zu einer Revision seiner ursprünglichen Aussagen bringt.

Kunde: „Was ist das für ein Saftladen. Bei Ihnen klappt auch nichts!"
Verkäufer: [Schweigt]
Kunde: „Na ja, nichts ist vielleicht etwas zuviel gesagt."

Einige Mustersätze, dem Schweigetaktiker gegenüber:
✦ *Öffnende Fragen:* „Was ist Ihre Meinung über ... usw.?"
„Wie beurteilen Sie ... usw.?"
„Welche Punkte halten Sie für wichtig?"
„Warum benutzen Sie augenblicklich ... usw.?"
✦ *Das Schweigen besprechen:* „Herr Stillwasser, Sie haben sicherlich einen Grund, um meine Fragen nicht oder so kurz zu beantworten. Worin liegt dieser Grund?"
„Frau Rosamund, meine Frage nach Ihrer Meinung über meinen Vorschlag haben Sie nicht beantwortet. Wie soll ich Ihr Schweigen verstehen?"
„Herr Dr. Stillwasser, ich sehe, daß Sie etwas sagen möchten, es aber trotzdem nicht tun. Was veranlaßt Sie dazu?
Für einen echten Schweigetaktiker sollten wir immer eine Batterie öffnender Fragen griffbereit haben, damit wir gut vorbereitet sind, die Fragen auch wirklich in aller Ruhe stellen können, ohne nervöse Nebenerscheinungen und ohne äußerliche Verunsicherung.

4. Ein Mustergespräch

Wiederum führt Stefan Schwarzer das Gespräch mit dem Facharzt.

Schwarzer: „Guten Morgen, Herr Dr. Stillwasser!"

Stillwasser: [Schweigendes Kopfnicken. Dann ein langer Seufzer.]

Schwarzer: „Was halten Sie von der Stellungnahme des Kranken-kassen-Ausschusses über das Medikament Sinequal?"

Stillwasser: „Ach ... was soll ich dazu sagen ...?"

Schwarzer: „Ich halte Ihre Meinung für sehr wichtig, Herr Dr. Stillwasser!
Was ist ihrer Meinung nach der Kernpunkt?"

Stillwasser: [Stoßseufzer]

Schwarzer: „Ich sehe, daß Sie Ihre Meinung schon formuliert haben. Wie lautet sie, Herr Dr.Stillwasser ...?"

Stillwasser: „Ach was, lassen Sie mich ruhig an die Arbeit gehen."

Schwarzer: „Herr Doktor, ich habe Ihnen einige Fragen gestellt. Was ist der eigentliche Grund, weshalb Sie auf diese Fragen nicht eingehen?"

Stillwasser: „Naja, weil ich dieses Gutachten zwar verstehe, aber für kurzsichtig halte und deswegen eigentlich bedaure ..."

Schwarzer: „Was ist der Grund Ihres Bedauerns, Herr Doktor?"

Stillwasser: „Man hat in diesem Fall ausschließlich auf den Preis geachtet und die qualitativen Aspekte außer Betracht gelassen ..."

Schwarzer: „Was bedeutet dies für Sie ?"

Stillwasser: „Es bedeutet, daß ich als Facharzt quasi verpflichtet bin, nicht das beste, sondern das billigste Medikament zu verschreiben. Dadurch wird die Behandlung länger dauern und die gesamten Kosten der Medikation werden wahrscheinlich steigen ... außerdem ..."

Schwarzer: „Was wollen Sie außerdem noch sagen, Herr Doktor?"

Stillwasser: „Man hat wie üblich nur auf das Wort des Hausarztes gehört, wir Fachärzte haben kein Widerwort äußern können!"

Schwarzer: „Was halten Sie als Facharzt von Sinequal, Herr Doktor?"

Unser Kollege hat tief „bohren" müssen. Durch eine konsequente

Fragetechnik hat er die Schweigemauer zusammenbrechen lassen. Er kennt natürlich die qualitativen Vorteile seines Präparates und er weiß auch im großen und ganzen, wie die Stellungnahme der Fachärzte ist. Was er zusätzlich brauchte, ist die richtige Technik, um auf freundliche Weise eine Schweigetaktik zur Strecke zu bringen. Es gelang unserem Kollegen übrigens erst, als er das Gespräch auf die Gründe brachte, die den Kunden zum Schweigen veranlaßten.

7 DAS VERKAUFSGESPRÄCH MIT DEM BESSERWISSER

1. Unser kleines „Hörspiel" zum Anfang

Roswitha Rodenbach bietet ein exklusives Kosmetik-Sortiment auf Basis von Jojoba-Öl an. Sie spricht mit dem Kunden Wolfgang Weißgarn, der eine Kette von 18 Parfümerie-Läden beaufsichtigt.

Rodenbach: „Guten Morgen, Herr Weißgarn. Sie haben den neuen Werbespot für „Formöl Uno" sicher auch gesehen. Was halten Sie davon?"

Weißgarn: „Unbefangen bin ich natürlich nicht! Denn ich habe viel Erfahrung mit der Werbung für Kosmetik-Produkte und deswegen weicht mein Urteil vielleicht von machem Laienurteil ab ... Ich hätte weniger auf Humor gesetzt. Denn Humor ist in unserer Branche passé. Es geht um den sogenannten ‚Lifestyle'. Damit kriegt man die Kundschaft in Bewegung."

Rodenbach: „Ach, schade daß Sie das finden. Wir sind sehr zufrieden mit dieser Kampagne."

Weißgarn: „Hören Sie auf meinen Rat, junge Frau! Es gibt nur eine Methode, Kosmetikprodukte so zu präsentieren, daß sie auch verkauft werden!"

Rodenbach: „Wenn Sie das sagen ... Was hätten Sie dann für Ideen?"

Weißgarn: „Einige meiner Ratschläge könnten Ihnen Vorteile bringen. Mal sehen, ob ich es so vereinfacht sagen kann, daß Sie mich verstehen."

Rodenbach: [Schweigt]

Weißgarn: „Es geht um den Mehrwert, den das Produkt bringt. Eine Frau kauft keine Kosmetikprodukte ... Sie kauft Schönheit, Attraktivität.
Dieser Mehrwert kommt im Lebensstil – im ‚Lifestyle' wie wir es fachlich sagen – zum Ausdruck. Darin spiegelt sich das ideale Selbstverständnis der modernen Frau wider."

Rodenbach:„Aber es gibt doch gute Gründe, die Einführung eines neuen Produktes mit einem einprägsamen Humor zu unterstützen. Die komischen Situationen werden doch leicht im Gedächtnis gespeichert!"

Weißgarn: „Hören Sie auf meinen Rat und basieren Sie Ihre Werbung auf Lifestyle. Das ist moderner und effektiver. Als Fachmann bin ich schon mehr als 20 Jahre in dieser Branche tätig."

Rodenbach:„Naja, vielleicht haben Sie recht."

Lifestyle hin, Lifestyle her, den letzten Satz hat Roswitha nicht besonders überzeugend über Ihre Lippen gebracht. Sie läßt sich vollkommen durch das Wissen oder Scheinwissen von Herrn Weißgarn übertrumpfen.

Doch wäre es falsch, davon auszugehen, daß es sich beim Kunden nur um ein Scheinwissen handelt. Der richtige Besserwisser ist im allgemeinen gut unterrichtet, weil er viele Zeitschriften liest und deren Artikel auch gut kennt.

Nur: Sein Wissen hört bei den Grenzen der von ihm gelesenen Zeitschriften auf.

Was andere Medien dazu sagen, ist für ihn nicht relevant.

Welche negativen Effekte hat das „Weißgarn"-Verhalten?

Sie fühlen sich als Verkäufer dumm. „Meine Vorschläge und Ideen sind in seinen Augen offensichtlich ganz wertlos. Er wirkt sehr überzeugend. Wahrscheinlich hat er recht." Ein Gefühl der Wehrlosigkeit und der Panik überwältigt Sie! „Es hat gar keinen Zweck, mit ihm zu streiten. Er weiß alles besser. Es ist vernünftiger, nachzugeben und in allem mit ihm einig zu sein."

Auch im Freundeskreis kennen Sie den Besserwisser! Wenn Sie einen neuen Firmenwagen Marke Milano gekauft haben, weiß er Ihnen mit mindestens zehn Argumenten klarzumachen, daß ein Torino viel besser gewesen wäre. Seine Argumente treffen manchmal zu, leider ist dabei seine Vortragsweise so abstoßend.

2. Verhaltensmerkmale

Wir können den Besserwisser anhand folgender Merkmale wiedererkennen:

✦ *Breites Spektrum:* Er bietet keinem Zuhörer die Möglichkeit, sein profundes Fachwissen anzuzweifeln. Seine Meinung bietet er dar, als ob er die Autorität einer Enzyklopädie vertritt. Er tut dies auch, wenn es sich um triviale Kleinigkeiten handelt, die mit dem eigentlichen Gesprächsthema nichts zu tun haben.

✦ *Überheblichkeit:* Er spricht im süffisanten Ton, als ob er auf einem Sockel stehend auf seine Gesprächspartner herabschaut. Er gehört einer anderen Welt an, der Welt der Experten. Kleine Korrekturen, die er im Gedankengut des anderen anbringt, werden zu wichtigen und wesentlichen Verbesserungen aufgebläht.

✦ *Verriegelung:* Neue Ideen vom Gesprächspartner werden ohne Diskussion oder Kommentar abgewiesen. Wenn er eine Wahl getroffen hat, ist er äußerst schwierig zu anderen Auffassungen zu bringen.

✦ *Sturheit:* Wenn er nicht selbst eine Idee entwickelt hat, ist die Idee im Prinzip keinen Deut wert.

✦ *Überkritisch:* Er ist sehr freigiebig mit Schuldzuweisungen, wenn einmal eine seiner Ideen in der Praxis nicht funktioniert. Er findet immer einen Schuldigen für eventuelle Pannen.

Der Besserwisser strahlt folgende Botschaften aus:

✦ Versuchen Sie nicht, eine Debatte oder Diskussion mit mir zu führen, ich finde immer eine Methode, Ihre Ideen zu versenken.

✦ Wer mir in der Öffentlichkeit widerspricht, den werde ich demütigen und seine Meinung werde ich ins Lächerliche ziehen.

✦ Meine geistige Schatulle ist mit Zahlen, Fakten und Einzelheiten bis zum Rande gefüllt und das werden Sie spüren, wenn Sie sich eine eigene Meinung erlauben.

✦ Meine Ideen bieten mir einen festen Halt, sie stehen da wie ein Felsen in der Brandung und sie werden nicht von den Ideen anderer Leute geschwächt.

Auch bei diesem Kundentyp stellen wir uns die Frage, wie wir am besten verhindern, daß er seine Zielsetzungen verwirklicht. Unterwerfen wir uns, dann bedeutet dies für ihn eine „Entlohnung", die nur zu einer Wiederholung und Verstärkung der Besserwisserei führt. Denn er sucht sich seine „Opfer", die fügsam und folgsam einlenken.

3. Der Umgang mit dem Besserwisser

Zuerst eine Antwort auf die Frage: Was sollten Sie um jeden Preis vermeiden?

✦ Versuchen Sie nicht, eine „Kontra-Expertise" zur Schau zu stellen. Das wäre der Anfang einer Feindseligkeit, die auch das Ende der Geschäftsbeziehungen bedeutet.

✦ Versuchen Sie auch nicht, den total Unwissenden zu spielen. Der Besserwisser wird Ihnen nur beipflichten!

✦ Belasten Sie Ihr Verhalten nicht mit Verunsicherung und Zaudern. Das reizt nur den Siegeswillen des Besserwissers.

✦ Versuchen Sie – sicher in Anwesenheit von Drittpersonen – nicht, das Wissen Ihres Kunden anzuzweifeln oder sogar ins Lächerliche zu ziehen. Denn ein Besserwisser ist meistens auch rachsüchtig.

Wie sollten Sie dann vorgehen?

✦ *Machen Sie Ihre Hausarbeiten:* Gespräche mit einem Besserwisser erfordern eine sehr gründliche Vorbereitung. Sämtliche Details des Gesprächsthemas müssen griffbereit sein, wo auch immer Sie diese speichern.

✦ *Fassen Sie seine Meinung zusammen:* Dem Selbstbewußtsein des Besserwissers wird sehr geschmeichelt, wenn Sie seine Meinung kurz zusammenfassen und auf diese Weise bestätigen, was er an Meinungen von sich gegeben hat.

✦ *Zeigen Sie Respekt:* Sagen Sie klar, daß Sie seine Auffassungen und Ideen schätzen oder mindestens respektieren. Dann wird er eher dazu geneigt sein, auch Ihren Ideen einen Platz einzuräumen.

✦ *Stellen Sie Fragen:* Argumentieren Sie vorzugsweise in fragender Form. Suggerieren Sie Alternativlösungen, die sich seinen Ideen annähern. Sie sollten sicher nicht diametral den seinigen gegenüberliegen.

✦ *Loben Sie seinen Sachverstand:* Es spricht nichts dagegen, den Sachverstand Ihres Gesprächspartners zu loben, wenn er wirklich ganz oder teilweise recht hat. Loben Sie auch seinen kritischen und analytischen Geist.

Richtig ist, daß Sie ihn hiermit „manipulieren". Wenn die Manipulation einer guten Sache dient und der Kunde ist mit dem Endergebnis zufrieden, ja sogar glücklich, spricht nichts gegen Manipulation. Wir tun es ja auch im Privatleben und unseren Nachbarn gegenüber! Ich habe einen Herrn Besserwisser als Nachbar. Als ich letztlich ein kleines Problem mit meinem Auto hatte, fummelte ich vor seiner Tür und vor seinem Fenster unter der Motorhaube. Im Nu kam er durch den Garten geschnellt, um mir in wenigen Minuten klarzumachen, wie man es macht! Er hat eine sehr befriedigende Arbeit geleistet und ich brauchte nicht zu arbeiten. Ist eine perfektere Harmonie denkbar?

Einige Mustersätze:
✦ *Zusammenfassen:* „Sie haben da sicherlich einige starke Argumente auf den Tisch gelegt, Herr Weißgarn. Ich fasse sie mal kurz zusammen, um zu kontrollieren, ob ich Sie richtig verstanden habe ... usw.

„Was wird Ihrer Meinung nach passieren, wenn man folgendes unternimmt? ... nun, usw."

„Wenn ich Sie richtig verstehe, sind die drei wichtigsten Entscheidungskriterien für Sie ... usw."

„Sie betonen also, daß folgende Faktoren entscheidend für den Erfolg sind ... usw."

✦ *Respekt zeigen:* „Ich lege Wert darauf, Ihre Meinung über das neue Produkt zu hören. Deswegen bin ich zuerst zu Ihnen gekommen."

✦ *Fragen stellen:* „Wenn Sie dieses Produkt verkaufen müßten, wie würden Sie das Problem dann lösen?"

„Bevor ich Ihnen meinen Vorschlag unterbreite, möchte ich zuerst Ihre Einstellung zur EDV-Entwicklung kennenlernen ..."

✦ *Expertentum anerkennen:* „Herr Weißgarn, Sie kennen den Markt wie nur wenige. Können Sie mir erklären, wie es kommt, daß ... usw.?"

„Meine Firma legt sehr großen Wert auf Ihren technischen Erfahrungsschatz, Herr Weißgarn."

„Sie haben viel internationale Erfahrung, Herr Weißgarn. Wie kann es sein, daß ... usw.?"

Auf den ersten Blick meinen Sie vielleicht, daß man seine Besserwisserei doch „entlohnt". Dies ist bei näherer Betrachtung aber nicht wahr. Denn Sie stellen Fragen und behalten deswegen die Gesprächsleitung. Indem er Ihre Fragen beantwortet, hat er keine Chance, Sie in eine Position des Unwissenden zu manövrieren.

4. Ein Mustergespräch

Roswitha Rodenbach versucht jetzt, der Besserwisserei paroli zu bieten. Hier kommt ihr neues Gespräch.

Rodenbach: „Guten Morgen, Herr Weißgarn. Sie haben den neuen Werbespot für ‚Formöl Uno' sicher auch gesehen. Was halten Sie davon?"

Weißgarn: „Unbefangen bin ich natürlich nicht! Denn ich habe viel Erfahrung mit der Werbung für Kosmetik-Produkte und deswegen weicht mein Urteil vielleicht von manchem Laienurteil ab ... Ich hätte weniger auf Humor gesetzt. Denn Humor ist in unserer Branche passé. Alles dreht sich um den sogenannten ‚Lifestyle'. Nur damit kriegt man die Kundschaft in Bewegung."

Rodenbach: „Es ist sehr interessant, was Sie da sagen, Herr Weißgarn. Also nicht ‚Humor', sondern ‚Lifestyle'. Das wäre eine sinnvolle Alternative! Wie könnte man die verwirklichen, was meinen Sie?"

Weißgarn: „Man sollte den Kosmetikprodukten einen Mehrwert geben!"

Rodenbach: „Interessant! Wie könnte man dies Ihrer Meinung nach tun?"

Weißgarn: „Was eine Frau kauft, ist im Grunde genommen Schönheit und Attraktivität. Das ist der eigentliche Mehrwert. Und der äußert sich in einem bestimmten Lebensstil, in einem ‚Lifestyle', wie wir Fachleute es sagen."

Rodenbach: „Ich verstehe, was Sie meinen! Ich werde Ihre Hinweise in meinem Tagesbericht weiterleiten, so daß unsere Marketing-Leute sie auch kennenlernen. Einige dieser Punkte kommen mir recht konstruktiv vor. Über andere muß vielleicht nachgedacht werden."

Weißgarn: „Nun, ich fand, daß Ihnen auch die Meinung eines alten Hasen in der Branche vielleicht nutzen könnte."

Rodenbach: „Ich bin sicher, daß man sich in der Marketingabteilung freuen wird, Herr Weißgarn. Vielleicht werden Sie noch einmal angerufen, wenn es besondere Fragen gibt."

Weißgarn: „Okay! Man weiß, wo man mich findet."

Rodenbach: „Nun stehen wir da mit unserer heutigen Kampagne, die sich natürlich nicht rückwirkend ändern läßt, Herr Weißgarn ... Wie können Sie jetzt optimal im Konzert mitspielen? ... usw."

Roswitha Rodenbach manövriert sich nicht in eine „Underdog"-Position. Sie erlaubt Herrn Weißgarn, seine „Meinung" zur Werbe-Aktion zu äußern. Sie wiederholt sogar seinen Standpunkt und stellt interessierte Fragen. Sie zeigte auch den gebührenden Respekt gegenüber dem alten Branchenhasen.

Beide Gesprächspartner sind jetzt harmonisch glücklich. Herr Weißgarn hat seine „Predigt" abgezogen und Roswitha Rodenbach hat sich nicht demütigen lassen.

8 DAS VERKAUFSGESPRÄCH MIT DEM TRÖDELFRITZEN

1. Hier ist wieder ein dramatisches „Hörspiel"

Verkäufer Gerd Gelbhaar vertritt Produkte für Amateurgärtner. Sein Kunde Simon Schweifler ist der Eigner eines „Gartenzentrums". Daß er ein Trödelfritze ist, ergibt sich aus folgendem Gespräch.

Gelbhaar: „Guten Tag, Herr Schweifler. Viele Ihrer Kollegen erlebten schon erfreuliche Erfolge mit dem Verkauf von Aglukon. Wie geht es bei Ihnen?"

Schweifler: „Sehr gut! Ich kann nichts anderes sagen als sehr gut!"

Gelbhaar: „Das ist erfreulich! Dann wollen wir gleich Ihre Auftragsgröße besprechen. Ich schlage vor, daß Sie diesmal fünfzig Packungen von uns beziehen. Das sollte meines Erachtens reichen."

Schweifler: „Ja, das sollte sicherlich reichen ..."

Gelbhaar: „Dann wollen wir das gleich festlegen. Schön, daß wir uns so schnell einigen." [Fängt zu schreiben an.]

Schweifler: „Ja, Aglukon ist ein sehr gutes Produkt ... Ein prima Produkt. Das kann man nicht abstreiten ..."

Gelbhaar: „Es freut mich, dies zu hören ... So ... wenn Sie hier jetzt unterschreiben wollen ..."

Schweifler: „Ach ... ja ... Wir sollten, so glaube ich, nicht allzu schnell entscheiden ... Über die Menge, meine ich. Fünfzig Packungen sind eine ganze Menge ..."

Gelbhaar: „Glauben Sie das? Sie waren doch an sich mit mir einverstanden?"

Schweifler: „Ich bin auch ganz einverstanden ... Nur ... Ich möchte es mir doch noch einmal überlegen ..."

Gelbhaar: „Werde ich Sie morgen früh noch einmal anrufen?"

Schweifler: „Das ist wohl sehr schnell ... Sagen wir: Im Laufe der nächsten Woche."

Gelbhaar: „Okay! Ich werde Sie anrufen. Auf Wiedersehen!"

Schweifler: „Auf Wiedersehen!"

Gerd Gelbhaar setzt sich in seinen Wagen und fährt zum nächsten Termin.
Er denkt: „Eigentlich ein scheußlicher Kerl. Entscheidet sich nie sofort, obwohl er mit allen Argumenten einverstanden ist." Der „Trödelfritze" ist nicht unbequem im üblichen Sinne des Wortes, wie die vorher behandelten Typen. Er benutzt keine groben Worte oder Ausdrucksweisen, er überschüttet uns nicht mit einem Wortschwall. Rein verbal gesehen ist er so gefügig, wie man es sich nur wünschen kann. Seine Unbequemheit liegt darin, daß er seine „Ja-Worte" nicht in „Ja-Taten" umsetzt. Ansonsten ist er sogar sehr angenehm und zuvorkommend. Oft kann man von ihm sogar eine Tasse Kaffee bekommen.

Die Gefühle, die er bei uns erweckt, sind folgende:
✦ *Hilflosigkeit:* „Ich weiß nicht, wie ich bei ihm vorgehen soll! Er widerspricht selten, aber ich weiß nicht, was er wirklich denkt!"
✦ *Schuldgefühl:* „Er ist so freundlich zu mir, daß ich mich schäme, mit ihm allzu forsch vorzugehen. Ich möchte ihn auf keinen Fall verletzen."
✦ *Erbosung:* „Der Mann wirkt bei aller Freundlichkeit ermüdend. Warum sagt er nicht direkt, woher der Wind weht?"
✦ *Verwirrung:* „Bin ich nicht allzu dominant im Gespräch? Hat er Angst, mir zu widersprechen? Sollte ich meinen Stil ganz ändern?

Vor allem im Handwerk, im kleineren Einzelhandel und bei kleinen Selbständigen begegnet man diesen Trödelfritzen recht häufig. Durch ihre Aufschubneigungen bringen sie es wahrscheinlich nie zu wirklich großen Geschäften, sind jedoch auch wieder zu zählebig, um als Kollektiv schnell auszusterben.
Sie sind und bleiben freundlich und streuen uns somit Sand in die Augen. Wir hegen die Illusion, daß wir bei Ihnen schnell zu einem Auftrag kommen.

2. Verhaltensmerkmale

Sie kennen diesen Typ auch außerhalb Ihres Kundenkreises. Er verspricht sehr viel, handelt jedoch sehr selten, und wenn schon, dann mit großer Verzögerung.

Wahrscheinlich versprechen sie nur so schnell und leichtfertig, uns in Zukunft zu Willen zu sein, weil sie dann jetzt ihren lieben Frieden haben.

Folgende Verhaltensmuster sind für den Trödelfritzen typisch:

✦ *Verzögern:* Er zögert, wenn die Situation auch nur die geringsten Schwierigkeiten zeigt, den Knoten durchzuhauen. Deswegen verzögert er die Entscheidung, ganz nach dem Sprichwort: „Kommt Zeit, kommt Rat." Vielleicht hofft er auch, daß Probleme sich von selbst lösen, wenn man vorläufig nichts unternimmt.

✦ *Fügsamkeit:* Er ist übertrieben freundlich, zeigt für alles Verständnis, ist mit allem anderen einverstanden. Er wirkt in dieser Hinsicht wie ein Gummifritze.

✦ *Einfühlsamkeit:* Er sehnt sich nach Zuneigung und Freundschaft. Wird alles nötige tun, damit er für sympathisch gehalten wird.

✦ *Nachgiebigkeit:* Manchmal pflichtet er augenblicklich bei, weil er den Konflikt scheut. Später überlegt er sich dann, daß er doch eigentlich anderer Meinung ist ...

✦ *Unentschlossenheit:* Nicht nur vor einer Entscheidung zögert er. Auch hinterher grübelt er noch und revidiert vielleicht seine Entscheidung.

Sie wissen jetzt, er ist ein äußerst angenehmer Gesprächspartner, so lange das Gespräch nicht zu Entscheidungen führen muß. Sein wirkliches Problem ist wahrscheinlich die Angst vor der Verantwortung. Wir „entlohnen" ihn oft aufgrund seines sympathischen verbalen Verhaltens.

Seine Gedankenkette ist wie folgt konstruiert:

✦ Ich bin Ihnen gegenüber freundlich und dies verpflichtet Sie, auch mir gegenüber freundlich zu sein. Wenn ich Ihnen etwas verspreche, ist es nur aus Freundlichkeit.

✦ Wenn Sie versuchen, mich unter Druck zu setzen, werde ich nur ängstlicher und ich treffe gar keine Entscheidung.

✦ Wenn ich „Ja" sage, meine ich damit nicht, „Ja" zu sagen. „Ja" ist mein Synonym für „Vielleicht" oder „Möglicherweise".

✦ Ich tue alles, was in meiner Macht steht, um dafür zu sorgen, daß Sie mich gern mögen. Sie sollen sich schuldig fühlen, wenn Sie so auftreten, daß Sie mich verletzen."

✦ Fragen Sie bitte nicht, was ich bevorzuge oder was mir genehm ist, denn das eben weiß ich nicht so genau!

3. Wie gehen wir mit Trödelfritzen um?

Zuerst lesen Sie, was Sie nicht tun sollten

✦ Gehen Sie nicht davon aus, daß Zustimmung immer zu einem entsprechenden Handeln führt.

✦ Gestatten Sie nicht, daß aus einer Mücke ein Elefant gemacht wird. Der Trödelfritze sollte Nebensächlichkeiten nicht zur Hauptsache machen.

✦ Glauben Sie nicht, daß der Trödelfritze nur Ihnen gegenüber so freundlich ist. Er ist ein Allerweltsfreund. Das Versprechen, mit dem er Sie jetzt ködert, hat auch schon andere irregeführt.

✦ Sie sollten die Trödelfritzen nach einer Entscheidung nicht allein lassen. Besuchen Sie sie regelmäßig und tragen Sie durch Ihre Gespräche dazu bei, daß sie mit ihrer Entscheidung zufrieden bleiben.

Was tun Sie dann im positiven Sinne?

✦ *Selbstvertrauen fördern:* Erleichtern Sie sein Gespräch, indem Sie ihm oft recht geben. Sprechen Sie von Problemen, die er wahrscheinlich lösen kann.

✦ *Pro & Contra-Hilfen entwickeln:* Arbeiten Sie mit Entscheidungshilfen. Schreiben Sie auf einem Zettel die Argumente „Pro" und „Contra" nebeneinander.

✦ *Verständnis zeigen:* Stellen Sie viele Fragen und zeigen Sie Verständnis.

Zeigen Sie auch Geduld, wenn die Antwort nicht sofort gegeben wird. Ihr freundliches Schweigen bewirkt mehr als hundert zutreffende Argumente.

Sagen Sie oft: „Ich verstehe Sie", vor allem bevor Sie einen Einwand entkräften müssen.

✦ *Entscheidungen verstärken:* Falls eine Entscheidung gefällt wird, wiederholen Sie vor Ihrer Verabschiedung noch einmal die Argumente. Sie betonen, wie vernünftig die Entscheidung war und wie zufrieden er selbst darüber in Zukunft sein wird.

✦ *Harte Zahlen sprechen lassen:* Als Roßkur können Sie Zahlen sprechen lassen. Konfrontieren Sie Ihren Trödelfritzen mit den Folgen einer eventuellen Verzögerung. „Jeder Tag Aufschub kostet Sie … usw."

Einige Mustersätze:

✦ *Selbstvertrauen fördern:* „Jede Lösung hat Vor- und Nachteile, Herr Schweifler. Wie können wir, Ihrer Meinung nach, die Nachteile vermeiden?"

„Es ist ein Vergnügen, mit Ihnen zu sprechen, Herr Schweifler, weil Sie immer gründlich überlegte Entscheidungen treffen."

✦ *Pro & Contra:* „Herr Schweifler, wir wollen Ihnen den Entschschluß erleichtern, indem wir hier vermerken, was dafür und was dagegen spricht. Links liste ich auf, was dafür spricht … Rechts untersuchen wir gemeinsam, ob etwas dagegen spricht."

✦ *Entscheidungsverstärkung:* „Sie haben sich vernüftig entschieden, Herr Schweifler. Eine Entscheidung, über die Sie sich noch jahrelang freuen werden!"

„Ihr Entschluß ist nicht nur für mich sehr erfreulich, Herr Schweifler, sondern vor allem auch für Sie selbst. Denn Sie haben jetzt ein leistungsfähiges Produkt mit folgenden drei Merkmalen zur Verfügung … usw."

✦ *Roßkur:* „Ich würde Ihnen natürlich gern zwei weitere Wochen Zeit lassen, Herr Schweifler. Aber wir haben doch berechnet, daß diese Anschaffung Ihnen jährlich etwa DM 10.000.–/ öS 70.000,– an Ersparnissen bringt. Zwei Wochen Aufschub kosten Sie also DM 400,–/öS 2.800,–. Diesen Verlust sollten Sie nicht akzeptieren, Herr Schweifler.

4. Ein Mustergespräch

Die Situation ist wie gehabt. Gerd Gelbhaar spricht mit dem Inhaber des Gartenzentrums Simon Schweifler.

Gelbhaar: „Guten Tag, Herr Schweifler. Viele Ihrer Kollegen erlebten schon erfreuliche Erfolge mit dem Verkauf von Aglukon. Wie geht es bei Ihnen?"

Schweifler: „Sehr gut! Ich kann nichts anderes sagen als sehr gut!"

Gelbhaar: „Herr Schweifler, Sie sind ein Mann mit vielen guten

Ideen. Haben Sie irgendwelche Vorschläge, wie wir den Umsatz von Aglukon in Ihrem Gartenzentrum fördern können?"

Schweifler: „Naja. Ihre Verpackungsgröße ist nicht besonders kundenfreundlich. Vor allem ältere Personen haben ihre Schwierigkeiten, weil sie den Transport für schwierig halten."

Gelbhaar: „Sie könnten also mehr Umsatz erreichen, wenn wir auch kleinere Packungen liefern ...?"

Schweifler: „Wie ich schon sagte: Ja!' Es wäre für viele Kunden ein Hindernis weniger!"

Gelbhaar: „Dann freut es mich, daß wir ab heute Aglukon auch in Kleinpackungen liefern können. Soll ich dann 25 Großpackungen und 50 Kleinpackungen notieren?"

Schweifler: „Warten Sie mal ... Ich weiß noch nicht, ob das nicht allzuviel ist ..."

Gelbhaar: „Es ist nur ein Fünftel mehr als Sie im Vorjahr bestellten, Herr Schweifler. Sie haben schon gesagt, daß das Produkt gut läuft und daß es noch besser laufen würde, wenn wir eine Kleinpackung anbieten könnten. Das schaffen Sie sicherlich."

Schweifler: „Trotzdem ... ich weiß noch nicht ... Können wir nicht besser ein bißchen warten?"

Gelbhaar: „Das ist eben das Problem, Herr Schweifler. Wenn Sie warten, verpassen Sie den Gewinn. Denn die Kunden, die sonst bei Ihnen die Kleinpackung kaufen würden, müssen dann woanders hin. Und die umsatztragende Saison ist vorbei, bevor Sie es wissen ... Die Auslieferung erfolgt am übernächsten Freitag ... [Schweigen]

Schweifler: [Schweigen]

Gelbhaar: [Schweigen]

Schweifler: „Na, gut dann ... Notieren Sie es ..."

Gelbhaar: „Sie treffen eine vernünftige Entscheidung, Herr Schweifler. Am Ende der Saison werden Sie sich freuen über die neuen Kundengruppen, die ihre Kleinpackungen Aglukon in Ihrem Gartenzenter kaufen."

Schweifler: „Ja, das hoffe ich ..."

Gelbhaar: „So, ich gehe jetzt, Freitag nachmittag rufe ich Sie noch einmal an, um festzustellen, ob die Lieferung

eingetroffen ist. Auf Wiedersehen, Herr Schweifler, das Gespräch hat mich sehr gefreut. Danke !"
Schweifler: „Auch ich bedanke mich ... Auf Wiedersehen, Herr Gelbhaar!"

Sie entdecken mit Sicherheit die Techniken, die Gerd Gelbhaar hier eingesetzt hat, um dem zögernden Kunden den kleinen Schubs zu geben, durch den er „über seinen eigenen Schatten springt" und zu einer Entscheidung findet.

9 DAS VERKAUFSGESPRÄCH MIT DEM KÜMMELSPALTER

1. Wir beginnen wieder mit einem „Hörspiel"

Unser Kollege Bertold Blauburg ist in der Branche der Büro-Automatisierung tätig. Er spricht jetzt mit einem Einkäufer namens Martin Mückensieb, der ihn empfängt.

Blauburg: „Guten Tag, Herr Mückensieb. Schön, Sie wiederzusehen. Wie geht es Ihnen?"

Mückensieb: „Entschuldigen Sie, daß Sie warten mußten. Ich verstehe nicht, weshalb die Geschäftsleitung uns nicht erlaubt, Besucher in unserem Arbeitszimmer zu empfangen. Immer muß man die ganze Strecke zu den Besprechungsräumen zurücklegen ..."

Blauburg: „Ach so! Bedenken Sie, wie Sie Ihre Kondition damit fördern."

Mückensieb: „Naja, Sie haben einen schönen Job. Frei, wie ein fliegender Vogel. Ich habe mindestens vier Chefs, die ständig auf mir herumhacken. Einer von ihnen hat die Besprechungsräume erfunden und das verpflichtet mich jeden Tag zu einem Marathonlauf."

Blauburg: „Ja, das ist sicher unangenehm."

Mückensieb: „Weiter verstehe ich nicht, warum die Einkaufsabteilung sich hier ständig einmischt. Wir sollten doch die Kompetenzen haben, dies selbständig zu regeln."

Blauburg: „Selbstverständlich können Sie Ihre Bedürfnisse als Software-Benutzer am besten selbst beurteilen ..."

Mückensieb: „Sie sagen es, und ich denke es schon jahrelang! Nach meiner Meinung wird nur sehr selten gefragt. Ist das bei Ihnen in der Firma auch so ...?"

Blauburg: „Nein, da haben wir keinen Anlaß zum Klagen."

Mückensieb: „Das dachte ich schon. Alles hat sich hier geändert, seit Herr Dr. Brillmann in den Ruhestand gegangen ist ..."

Wir werden uns diese Konversation nicht länger anhören! Der

Kunde ist ein Kümmelspalter, der viele Kleinigkeiten und Nebensächlichkeiten so sehr aufbläht, daß man mit ihm nicht mehr zu einer sachbezogenen Unterhaltung kommt. Nur selten ist er ein froher, optimistischer Mensch. Meistens ist er ein Schwarzseher, der das Leben wie einen endlosen Alltagstrott betrachet, überfüllt mit kaum überwindbaren Schwierigkeiten. Es kann nur noch schlimmer werden. Sie entdecken immer Gründe, weshalb etwas nicht gelingen wird. Und wenn wirklich etwas schiefgeht, haben sie es schon vor Jahren prophezeit, man hat aber, wie üblich, nicht auf sie gehört. „Their misery is their delight." [„Ihr Verdruß ist ihr Entzücken."]

Ein Kümmelspalter erregt in Ihnen nur negative Gefühle, denn sein Dauerpessimismus wirkt ansteckend.

✦ *Entmutigung:* „Gibt es in dieser Firma wirklich soviele Schwierigkeiten?"
„Vielleicht hat er es in seiner Position besonders schwierig!"

✦ *Verunsicherung:* „Bin ich denn so dumm, daß ich diese Probleme noch nie gesehen habe?"
„Ich sollte eigentlich imstande sein, ihm zu helfen. Wie muß man es aber in Angriff nehmen?"

✦ *Hilflosigkeit:* „Was kann ich unternehmen, damit er sein Gequengel beendet?"
„Wie soll ich den Typ als Kunden behalten?"

2. Verhaltensmerkmale

Der Kümmelspalter wittert überall Probleme, über Lösungen spricht er lieber nicht. Er macht aus einer Mücke immer einen Elefanten. Vielleicht dient seine Konzentration auf Kleinigkeiten nur dazu, um selbst größer zu erscheinen. Natürlich ist er ein Pessimist, obwohl er sich als Realist bezeichnet. Die Flasche ist immer halb leer, statt halb voll.
Und so ist es doch auch, oder wollen Sie das verneinen?

Zu seinen ausgeprägtesten Merkmalen gehören:
✦ *Jammern und quengeln:* Sie suchen an erster Stelle einen Bemängelungsgrund.
Im Prinzip ist jeder in seinem Umkreis davon betroffen.

Er neigt zum Widerspruch mit den Anfangsworten: „Ja, aber ...“

✦ *Schuldzuweisungen:* In seiner Darstellungweise gibt er immer anderen die Schuld. Die sollten ihr Verhalten ändern. Er selbst kann nichts dafür.

✦ *Unaufhaltsamkeit:* Seine Liste mit Klagen und Bemängelungen ist eine endlose Litanei. Auch der Gesamtüberblick der Unmöglichkeiten, die er geortet hat, ist endlos.

✦ *Heuchelei & Klatsch:* Uns gegenüber klagt er über seine Kollegen, seinen Kollegen gegenüber klagt er mit Sicherheit auch über uns.

In dieser Hinsicht ist er wie sein hinterhältiger Kollege, den wir in einem vorigen Kapitel kennenlernten.

Wenn Sie nicht ein eingefleischter Optimist sind, ist der Umgang mit solchen Menschen äußerst schwierig. Seine Zielsetzung ist, Ihnen und anderen klar zu machen, daß er der einzige ist, der etwas richtig macht. Das Ergebnis seiner Anstrengung ist nur so mittelprächtig, weil andere Personen Fehler machen oder die Sachen falsch sehen. Seine „Entlohnung“ ist das willige Ohr, in dem seine Litanei eingetrichtert werden kann und das ihm gespendete Mitleid.

Seine Gedankenkette ist wie folgt:

✦ Wer mit mir Geschäfte machen möchte, muß zuerst mein Gejammer anhören.

✦ Wenn Sie Probleme haben: Ich kann sie mit Sicherheit nicht lösen. Problemen stehe ich hilflos gegenüber.

✦ Es ist für Sie besser, mich nicht irgendwie zu enttäuschen, denn ich könnte, rachsüchtig wie ich nun einmal bin, auch über Sie schlechtes erzählen.

✦ Weil ich immer recht habe, sollten Sie auf mich hören, wenn ich die Fehler anderer aufdecke.

3. Regeln für den Umgang mit Kümmelspaltern

Was Sie immer vermeiden müssen ist folgendes:

✦ Sie sollten nicht sein „Kaffeeklatsch-Genosse“ werden oder sogar allzu mitleidig reagieren, wenn er alles wieder schwarz darstellt.

✦ Auch sollten Sie sein Gejammer nicht durch positive Körpersignale fördern und verstärken.

✦ Sie sollten nicht akzeptieren, daß er nur Probleme auf den Tisch legt, ohne auch deren Lösungen anzubieten.

✦ Sie sollten auch nicht erwarten, daß sich sein Verhalten ändert, wenn Sie es nur ein einziges Mal ignorieren.

Wie handeln Sie nun richtig?

✦ *Nicht beipflichten:* Jede Äußerung Ihres Verständnisses ermutigt den Kümmelspalter nur, seine Litanei erneut herunterzuleiern. Bedenken Sie auch: Er glaubt dem Sprichwort: „Wer schweigt, bejaht."

✦ *Gespräch kurzerhand abbrechen:* Zeigen Sie deutlich, daß Sie das Gespräch beenden wollen, weil wirklich dringende Angelegenheiten Ihre Aufmerksamkeit beanspruchen.

✦ *Überhören Sie die Elegien:* Er sucht einen Zuhörer, dessen Zeit er vergeuden kann.
Zeigen Sie sich höflich desinteressiert. Überhören Sie das Gejammer und bleiben Sie bei der Sache.

✦ *Forcieren Sie Lösungen:* Fragen Sie ständig und beharrlich, wie er die traurig bejammerten Probleme lösen wird. Machen Sie ihm auf jeden Fall klar, daß nicht Sie seine Probleme lösen können.

✦ *Bleiben Sie neutral:* Kümmelspalter sind, wie wir gesehen haben, dazu geneigt, den einen gegen den anderen auszuspielen.
Sprechen Sie deswegen nie über andere, abwesende Personen.
Sagen Sie ruhig, daß Sie eine Angelegenheit selbstverständlich nur beurteilen können, wenn die Darstellung von beiden Seiten gegeben wird.

✦ *Die generelle Lösung ist also:* Zum einen Ohr herein und zum anderen wieder hinaus. Lassen Sie den Kümmelspalter im Saft seines eigenen Pessimismus schmoren.

Einige Mustersätze:

✦ *Nicht beipflichten:* „Entschuldigen Sie, Herr Mückensieb, wir haben jetzt ein gemeinsames Problem, das zuerst gelöst werden sollte."

„Ich verstehe, daß Sie hier ein Problem haben, ich sehe die Dinge aber etwas optimistischer."

„Meine Einstellung ist offensichtlich etwas positiver als die Ihrige,

Herr Mückensieb. Deswegen verstehe ich Ihre Sorgen nicht besonders gut".

✦ *Gespräch abbrechen:* „Herr Mückensieb, können wir zuerst den geschäftlichen Teil unseres Gesprächs über die Runden bringen, bevor wir auf diese Randprobleme eingehen."
„Ich kann mir augenblicklich nicht leisten, auf Ihre Probleme einzugehen, Herr Mückensieb, weil heute noch drei Kunden auf mich warten".

✦ *Lösungen forcieren:* „Abgesehen von den kleineren Problemen, die überall auftauchen können: Was steht eigentlich einer sofortigen Entscheidung im Wege?"
„Ich glaube, daß es wenig Zweck hat, Herr Mückensieb, all diese Probleme zusammenzufegen, ohne eine Lösung anzustreben. Wie gehen wir heute vor?"

✦ *Neutral bleiben:* „Herr Mückensieb, ich spreche grundsätzlich nicht über Abwesende, die sich nicht verteidigen können. Erlauben Sie mir bitte eine strikte Neutralität."
„Wenn Sie Probleme mit Herrn Schneider haben und Sie meinen, daß ich dabei eine Rolle spiele, laden Sie am besten Herrn Schneider sofort zu dieser Besprechung ein."

4. Ein Mustergespräch

Die Situation kennen wir schon. Kollege Bertold Blauburg spricht mit Herrn Martin Mückensieb, der seine Software in der Kundenfirma benutzt.

Blauburg: „Guten Tag, Herr Mückensieb. Schön, Sie wiederzusehen. Wie geht es Ihnen?"

Mückensieb: „Entschuldigen Sie, daß ich Sie warten ließ. Ich verstehe nicht, warum die Geschäftsleitung uns nicht erlaubt, Besucher in unserem Arbeitszimmer zu empfangen. Immer muß man die ganze Strecke zu den Besprechungsräumen zurücklegen ..."

Blauburg: „Ja, dieses Problem kann ich nicht für Sie lösen. Ich brauche nur eine Viertelstunde Ihrer Zeit, um ..."

Mückensieb: „Naja, Sie haben einen schönen Job. Sie brauchen meine Probleme nicht zu lösen. Sie sind so frei wie ein fliegender Vogel ..."

Blauburg: „Wenn ich Ihr Problem lösen könnte, würde ich es lösen, Herr Mückensieb. Ich kann es nicht, und deswegen nutzt es auch Ihnen nicht!"

Mückensieb: „Das verstehe ich. Aber verstehen Sie mich bitte auch, wenn ich sage, daß ich es nicht leiden kann, daß unsere Einkaufsabteilung ihre Nase in alles steckt, was zu meinem Fachbereich gehört!"

Blauburg: „Ich schätze Ihr Fachwissen jedesmal, wenn wir uns begegnen, Herr Mückensieb. Auf der anderen Seite waren die Kontakte mit Ihrer Einkaufsabteilung auch immer sehr angenehm. Und grundsätzlich spreche ich nie über die Qualitäten von Abwesenden. Hier ist mein Vorschlag: Laden wir doch gleich Ihren Einkaufschef zu diesem Gespräch ein!"

Mückensieb: „Ach nein, das nutzt sowieso nichts! Was wollten Sie über Ihre neuen Steuersysteme und ihren Beitrag zur schnelleren Berichterstattung sagen?"

Unser Kollege geht jetzt gar nicht mehr auf diese Jammertiraden ein. Er blockt sie schon im ersten Anlauf ab. Er kann erst recht zügig zum Sachgespräch kommen, nachdem er angeboten, – oder gedroht? – hat, die besprochene Person gleich ins Gespräch mit einzubeziehen.

10 WIE SIE MIT ERBOSUNG UND WUT UMGEHEN

Sogar der freundlichste Kunde kann recht unbequem wirken, wenn ihn die Wut packt, z.B. anläßlich einer Reklamation. Es entsteht dann ein „situativer Zorn" und dieser wird als „schwierig" erfahren, weil er sich manchmal extrem äußert.

Als Verkäufer wissen wir alle, daß wir dem Kunden dankbar sein sollten, wenn er seine Reklamation auf unseren Tisch legt. Ob er dabei böse oder ganz ruhig ist, macht keinen Unterschied. Eine Reklamation bringt uns unentgeltlich Informationen. Von zehn Kunden, die einen Reklamations-Anlaß haben, sprechen drei die Reklamation offen und eventuell auch böse ehrlich aus. Die anderen schweigen und suchen sich einen neuen Lieferanten. Sie schreiben keinen Brief und sie rufen nicht an. Sie verschwinden lautlos.
Wir sollten deswegen für eine wütende Reaktion sehr dankbar sein. Sie bietet uns die Möglichkeit, den Schaden zu beheben oder zu reparieren. Unsere wichtigste Verhaltensregel dabei ist: „Machen Sie kein Problem aus dem Verhalten der reklamierenden Kunden, sondern konzentrieren sich sich ganz auf den sachlichen Inhalt der Reklamation."

Um mit der Wut umgehen zu können, müssen wir zuerst verstehen, was ihre Ursache ist.
Alle Menschen brauchen Anerkennung und Würdigung. Jeder möchte das Gefühl haben, von seiner Umgebung geschätzt zu werden und in den Augen anderer wichtig zu sein. Unser „Ego" hat Durst nach Ehre und Anerkennung, wie unser Körper im physischen Sinne durstig ist. Dieser Durst muß jeden Tag erneut gelöscht werden, damit die guten Beziehungen intakt bleiben. Wenn dies nicht geschieht, dann gibt es Proteste, Reklamationen, Erbosung und Wut.
Wut hat also nur einen Symptomwert. So wie der Schmerz ein Symptom einer Krankheit sein kann, so ist die Wut das Symptom einer Unterernährung durch Anerkennungsdefizite.
Ein Kunde, der erbost oder wütend eine Reklamation äußert, möchte zuerst spüren, daß wir ihn schätzen.

Er ist beleidigt und verlangt eine Wiedergutmachung, nicht im materiellen Sinne, sondern im Bereich der menschlichen Beziehungen.

Die Kunden äußern ihre Empörung auf sehr unterschiedliche Weise:

✦ *Übertreibung:* „Ich habe Sie schon hundertmal angerufen. Niemand ist bei Ihnen zuständig!"

✦ *Sarkasmus:* „Sie sollten wirklich mal in die Lehre gehen, um Ihren Beruf erlernen!"
„Natürlich sagen Sie wieder, daß die Schuld bei mir liegt!"

✦ *Schreien:* Schwere Atmung, harte Stimme, aggressive Körpersprache.

✦ *Schimpfen:* Ein niedriges Bildungsniveau in der Sprache.

Ein Ratschlag: Ahmen Sie dieses Verhalten nicht nach, obwohl fast jeder Mensch dazu neigt.

Welches sind die Grundregeln für diejenigen, die mit der Wut eines Mitmenschen umgehen müssen?[1]

✦ Zeigen Sie sofort, daß er Ihre volle und ungeteilte Aufmerksamkeit bekommt. Ein erboster Mensch spricht fast immer gehetzt. Hören Sie unmittelbar zu und versuchen Sie nicht, zuerst noch schnell etwas anderes zu erledigen. Reagieren Sie schnell, innerhalb von höchstens 3 bis 4 Sekunden. Sonst eskaliert die Wut.

✦ Im persönlichen Gespräch halten Sie den Augenkontakt. Am Telefon sagen Sie sinngemäß: „Bitte sprechen Sie, ich höre zu ..."

✦ Unterbrechen Sie den eventuellen Wortschwall des Kunden nicht mit Ihren eigenen Bemerkungen. Er möchte Luft ablassen. Er hat sich vielleicht schon überlegt, was er sagen wollte. Vielleicht handelt er auch unüberlegt und schaukelt seine Wut hoch.

✦ Zeigen Sie Mitgefühl. Mitgefühl ist die beste Speise für seinen Ego-Hunger. Betrachten Sie seinen Problemfall als ernste Angelegenheit. Mitgefühl ist etwas ganz anderes als ein Schuldbekenntnis. „Ich finde dies wirklich sehr unangenehm für Sie ..."

---

[1] *Lesen Sie dazu auch Jan L. Wage:* »Verkaufstechnik in 121 Goldenen Regeln«, *Signum Verlag, Wien, 1996, ISBN 3-85436-117-3*

◆ Es verpflichtet Sie zu nichts, besänftigt jedoch viele böse Kunden schon einigermaßen.

◆ Zeigen Sie auch deutlich, daß Sie den Kunden gut verstanden haben. Wiederholen Sie die Punkte, die für den Kunden wichtig waren. Sagen Sie nicht:

☹ „Wollen Sie dies bitte wiederholen. Ich habe Sie nicht verstanden."

sondern:

☺ „Wenn ich Sie gut verstanden habe, ist folgendes passiert ..."

◆ Schlagen Sie eine Brücke der Übereinstimmung. Zeigen Sie Verständnis für die Erbosung. Zum Beispiel: „Da haben Sie recht:Vereinbart ist vereinbart!" Diese Aussage schlägt eine Brücke, ohne daß damit konkrete Schuldzuweisungen verknüpft sind.

◆ Machen Sie einen Termin für die Lösung. Wenn Sie Ihren Lösungsvorschlag sofort unterbreiten, erwecken Sie den Eindruck, daß Sie das Kundenproblem bagatellisieren. Das wollen Sie nicht, die Kundenerbosung wird dadurch nur gesteigert. Sagen Sie lieber: „Ich finde Ihren Fall so wichtig, daß ich ihn sofort erledigen will. Kann ich Sie heute nachmittag um 14:30 Uhr zurückrufen oder bevorzugen Sie 16:00 Uhr?"

◆ Oder fragen Sie den Kunden, was er für eine richtige Lösung hält. Oft kostet seine Lösung weniger als jene, die Sie im Kopf haben. Es ist mir schon passiert, daß der Kunde auf meine Frage nach einer gerechten Entschädigung antwortete: „Überhaupt keine! Ich möchte nur meine Enttäuschung zum Ausdruck bringen."

◆ Lösen Sie das Problem schnell: Reaktionsgeschwindigkeit zeigt Ihre qualitative Überlegenheit!

◆ Danken Sie dem erbosten Kunden für seine Reklamation, weil er einen Beitrag zu Ihren verbesserten künftigen Leistungen geliefert hat.

◆ Brechen Sie als letzter die Verbindung ab. Es gibt keinen häßlicheren Ton als das Einhängen eines Hörers, wenn man im letzten Moment noch etwas sagen wollte!

◆ Rufen Sie den Kunden nach 10 bis 14 Tagen wieder an, um zu hören, ob er wieder zufrieden ist. Dies steigert den Ruf Ihrer Zuverlässigkeit.

11 MIT SCHWIERIGEN KUNDEN VERHANDELN

1. Das Wesentliche einer Verhandlung

Obwohl wir die „Verhandlung" im Sprachgebrauch als Teil des Verkaufsgesprächs betrachten, kann man das ganze Wort „Verkaufen" genausogut durch „Verhandeln" ersetzen. Verhandeln bedeutet ja: Versuchen, sich über etwas zu einigen. Verkaufen als Gesamtbegriff hat eigentlich die gleiche Bedeutung.

Unser Alltag ist eine fast ununterbrochene Reihe von „Verhandlungen". Jeder von uns „verhandelt" gelegentlich mit z.B.:

✦ Einem unbequemen Chef
✦ Einer Ehegattin, die nicht unbedingt unsere Meinung teilt
✦ Einem schlauen Kunden
✦ Einer selbstbewußten und „alternativen" Tochter

Viele Techniken, die wir in diesem Buch beschrieben haben, können Sie auch einsetzen, wenn Verhandlungen festfahren, wenn der andere auf eine für Sie unbequeme Weise „Nein!" sagt. Es ist dann von wesentlicher Bedeutung, daß Sie selbst Ihre Reaktionen unter Kontrolle haben. Reagieren Sie bitte nicht sofort, konzentrieren Sie Ihre Gedanken zuerst auf das Ziel, das Sie erreichen wollen.

Unsere natürliche Neigung ist dies nicht! Wenn der andere auf unbequeme Weise „Nein" sagt, ist unsere erste Reaktion, es ihm mit gleicher Münze heimzuzahlen und genauso bissig zu reagieren, wie er uns „Nein!" ins Ohr zischte. Damit erreichen wir aber nur, daß er sich hinter Sturheit verschanzt und nicht einlenkt.

Unsere feindselige Reaktion rechtfertigt im nachhinein sein unredliches Verhalten.

Er denkt wahrscheinlich: „Ich hatte recht! Er selbst beweist mir, daß er nicht konstruktiv ist und daß er mich übervorteilen will!"

Man kann mit einem aggressiven Gegenangriff vielleicht für kurze Zeit einen Erfolg verbuchen, auf längerer Sicht schadet man den Dauerbeziehungen zum Kunden. Es gibt noch eine weitere Überlegung. Wenn Sie mit Menschen konfrontiert werden, die sich aggressiv verhalten, dürfen Sie in den meisten Fällen annehmen, daß Ihr Verhalten bis jetzt erfolgreich eingesetzt wurde. Sie haben sich diesen Stil sozusagen eingeübt und sind damit engstens vertraut. Wenn Sie versuchen, das Spiel nach den Regeln des anderen zu spielen, ist die Wahrscheinlichkeit einer Niederlage für Sie sehr groß.

2. Gönnen Sie sich die Zeit

Schweigen erwirkt oft Wunder. Nichts sagen ist oft eine bessere Lösung als übereilt etwas zu sagen. Der dritte amerikanische Präsident Thomas Jefferson hat uns damals empfohlen: „Zählen Sie bis zehn, wenn Sie böse sind! Wenn Sie sehr böse sind, zählen Sie bis hundert!"
Durch diese Atempause ermöglichen Sie nicht nur sich selbst, den Konflikt etwas distanzierter zu betrachten. Sie bieten auch Ihrem Gegenüber die Chance, sich ein wenig abzukühlen. Indem Sie einfach nichts sagen, nehmen Sie dem anderen auch die Chance für ein Gegenargument. Wahrscheinlich belastet Ihr Schweigen ihn mehr als ein Wortschwall. Ein tiefes Schweigen ist manchmal das beste Argument, um sich durchsetzen.
Es ist sogar möglich, daß der Mensch eine verbale Gewalt braucht, nicht weil er uns gegenüber besonders böse oder wütend ist, sondern weil er sich im allgemeinen abreagieren will. Er schreit nicht uns an, sondern eigentlich „schreit er zum Himmel". Sein Gewaltausbruch ist eine Art „Katharsis", eine Läuterung der Seele, ein Abreagieren. Er möchte nur sein Herz erleichtern. Bei solchen Wutausbrüchen braucht er nicht die Gesellschaft eines Mitmenschen, der widerspricht oder sonstwie reagiert, sondern einen, der die „Läuterung" ruhig über sich ergehen läßt, indem er nur zuhört und sich weiter seelisch nicht engagiert. Beim passiven Zuhören, das ich in solchen Fällen empfehle, sollte Ihre Zurückhaltung weder Angst noch Aggression zum Ausdruck bringen.

Ihr Schweigen, bevor Sie reagieren, dauert für Ihr Bewußtsein endlos lange, in Wirklichkeit sind es nur einige Sekunden. Bedenken Sie: Im richtigen Moment Schweigen ist schwieriger als im gleichen Moment Paroli zu bieten! Schweigen muß erlernt werden!

3. Zuhören ist wichtiger als sprechen

Der französische Querdenker Voltaire, einer der ersten Menschenrechtler, der auch einige Jahre am Hofe Friedrich des Großen von Preußen wohnte, schrieb:
„Wenn ich zuhöre, behalte ich die Macht!
Wenn ich spreche, verschenke ich Sie!"
Wenn Sie wirklich wollen, daß ein Mitmensch auf Sie hört, fangen Sie bitte damit an, ihm zuzuhören.
Eine Verhandlung zwischen zwei Personen läuft nur allzu oft wie folgt ab:

Andreas versucht, Bertold seinen Standpunkt zu erläutern.
✦ Bertold möchte aber zuerst Andreas überzeugen, und hört also gar nicht richtig zu.
✦ Wenn Andreas seine Erläuterung beendet hat, zieht Bertold seinen Monolog ab. Dabei geht er aber gar nicht darauf ein, was Andreas soeben sagte.
✦ Andreas denkt: „Bertold geht gar nicht auf meine Argumente ein. Er hat offensichtlich nicht gut gehört, ich muß sie deswegen wiederholen."
✦ Andreas wiederholt also seinen Standpunkt.
✦ So dreht sich das Karussell weiter.
Dies wird von den Franzosen als „dialogue des sourds" (= „Tauben-Dialog") bezeichnet.

Auch das Zuhören ist erlernbar und erfordert ständige Übung. Es setzt voraus, daß wir nicht gleich reagieren, sondern zuerst unsere Aufmerksamkeit auf die Aussagen des anderen konzentrieren. Damit wir erfassen, welche Gedanken hinter seinen Worten stecken.

Wenn ich als Trainer versuche, Verkäufern den Umgang mit schwierigen Kunden beizubringen, hat folgende Praxisübung sich als sehr ergiebig erwiesen. Lernziel der Übung ist, konzentriert und ohne Vorurteil zuzuhören, was der andere sagt.
Dazu bilden wir Dreiergruppen aus einem „Andreas", einem „Bertold" und einem dritten Mann, sagen wir „Carsten", der die Schiedsrichterrolle übernimmt.

Es wird ein Gesprächsthema gewählt, das zu einem Meinungsunterschied zwischen „Andreas" und „Bertold" veranlaßt. „Andreas" fängt mit der Debatte an.

Bevor „Bertold" antwortet, muß er kurz zusammenfassen, was „Andreas" gesagt hat. Erst anschließend darf er selbst seine Thesen entwickeln. Wichtig ist: „Andreas" muß mit der Zusammenfassung einverstanden sein. Auch „Carsten" beurteilt als Schiedsrichter mit, ob die Zusammenfassung ehrlich und fair war.

Die zu behandelnden Themen brauchen nicht in Verbindung mit dem Beruf der Teilnehmer zu stehen. Ich habe schon „anstößige" und auch „populistische" Themen behandeln lassen wie:

◆ Soziale Gerechtigkeit bedeutet absolute Einkommensnivellierung.
◆ Eine antiautoritäre Erziehung fördert die Jugendkriminalität.
◆ Politiker wollen sich nur auf Kosten der Allgemeinheit bereichern.

Während solcher Übungen spürt man erst, wie schwierig es ist, die Worte und Gedanken des anderen objektiv und ehrlich zusammenzufassen. Fast immer ist dasjenige, was eine „Zusammenfassung" sein sollte, eine „Interpretation".

Fast immer beansprucht das Finden von Gegenargumenten auch mehr Zeit. Man hat sich ja zum konzentrierten Zuhören verpflichtet und konnte nicht, während der andere sprach, schon die Gegenargumente entwickeln.

Es ist unmöglich, zu gleicher Zeit zuzuhören und zu widersprechen!

Wie haben Sie als Kleinkind das Sprechen eigentlich erlernt? Eben! Indem Sie zuerst aufmerksam zugehört haben. Als Erwachsene sollten wir unsere Prioritäten nicht anders wählen: Erst zuhören, dann erst reden!

Es ist jedoch schwieriger einen guten Zuhörer zu finden als einen guten Redner. Wir überlassen das Zuhören oft ... unserem Hund.

Es ist kein Zufall, daß ein guter Unterhändler mehr zuhört als spricht. Er unterbricht den anderen nicht, auch nicht im Moment, in dem er mit ihm uneinig ist. Er wartet, bis der andere sein Herz erleichtert hat und sich somit entspannt.

Wir Verkäufer wissen auch, wie wichtig es ist, daß der Kunde gelegentlich Luft abläßt. Auch wenn wir im Augenblick sein Problem nicht lösen können: Er hat sich geäußert und ist schon dadurch geläutert.

4. Der Unterschied zwischen hören und zuhören

„Hören" ist eine rein biologische Funktion des Nervensystems. Wenn der Mensch in dieser Hinsicht nicht behindert ist, kann er quasi automatisch „hören". Zuhören ist etwas ganz anderes: Es setzt Geduld, Anstrengung und die Entwicklung unserer Fähigkeiten voraus. Mindestens fünfzig Prozent unserer Zeit verbringen wir in Situationen, in denen wir das „Zuhören" brauchen.
Welche Einstellung ist dazu erforderlich?

✦ Sie müssen den Willen haben, zu hören was der andere zu sagen hat.
✦ Sie müssen den Willen haben, dem anderen behilflich zu sein.
✦ Sie müssen die Gefühle des anderen akzeptieren können, auch wenn Sie diese Gefühle nicht verstehen.

Sie haben selbst ein Interesse daran! Je mehr Sie das Zuhören üben und beherrschen, um so weniger brauchen Sie zu argumentieren.
Zuhören ist mehr als nur schweigend dazusitzen und den Mund geschlossen zu halten. Sie sollten demjenigen, der spricht, auch zeigen, daß Sie zuhören. Hier sind die Verhaltensregeln für diejenigen, die das Zuhören lernen wollen:

✦ *Paraphrasieren Sie regelmäßig dasjenige, was Sie gehört haben.* Indem Sie in anderen Worten wiedergeben, was Ihr Gegenüber gesagt hat, beweisen Sie den richtigen Empfang seiner gesendeten Worte. Dies ist schon vertrauensschaffend. Aber aufgepaßt! „Paraphrasieren" ist nicht mit „Interpretieren" gleichzusetzen. Eine Paraphrasierung kann vom Gesprächspartner korrigiert werden, eine Interpretation führt leicht zu einem Streitgespräch.
✦ *Schlagen Sie Brücken.* Bei allem, was Sie hören, konzentrieren Sie sich auch auf die Frage: „In welcher Hinsicht kann ich ihm behilflich sein?"

Kritik, auch stillschweigende Kritik, schlucken Sie herunter. Besser gesagt: Während Sie zuhören, sollte Ihr „kritischer Mechanismus" ausgeschaltet bleiben. Erst wenn der andere sich voll und ganz ausgesprochen hat, sind Kommentare angemessen. Und Sie entdecken dann manchmal, daß Ihre eventuellen „Zwischenrufe" voreilig gewesen wären.

✦ Benutzen Sie „katalytische"[1] Fragen. Das sind Fragen, die den anderen ermutigen und auflockern weiterzureden. Sie kennen diese Kategorie der öffnenden Fragen schon, weil wir sie besprochen haben. Bedingung für ihre „katalytische" Wirkung ist der entspannte und freundliche Ton!

✦ „Weshalb meinen Sie das?"

✦ „Können Sie dies etwas näher erklären?"

✦ „Das ist interessant. Wollen Sie weitermachen?"

✦ Überlassen Sie dem anderen das „Sprachmonopol". Wenn er sich nur schwierig ausdrückt, versuchen Sie dann nicht, seine schon angefangenen Sätze zu ergänzen.

✦ Leisten Sie sich „verbale Entlohnungen". Das sind kurze Reaktionen vom Typ:
„Hmm, hmmm!", „Ja ja", „Interessant", „Machen Sie weiter", „Mit Sicherheit", „Verständlich" usw.

✦ Leisten Sie sich auch „nonverbale Entlohnungen": Keine Barrikaden aufbauen, indem Sie Ihre Arme verschränken oder Ihre Hände ineinandergreifen lassen. Einen freundlichen Blickkontakt wahren. Mit dem Kopf nicken. Gelegentlich seine Gefühle durch Ihre Gestik unterstreichen.

Indem Sie diesen Regeln folgen, erreichen Sie zwei wichtige Ziele:
Erstens wird Ihr Gesprächspartner anschließend auch bereit sein zuzuhören, wenn Sie etwas zu sagen haben.
Zweitens haben Sie ihm Ihren Respekt gezeigt, was uns gleich zum folgenden Abschnitt bringt.

---

[1] *Ein »Katalysator« ist ein Stoff, der chemische Reaktionen herbeiführt oder beeinflußt, selbst aber unverändert bleibt. Mit der Kfz-Technik hat dieser Urbegriff also nichts zu tun!*

5. Respekt zeigen

Sie kennen doch die „Motivations-Pyramide" von Abraham Maslow? Die Hierarchie der menschlichen Bedürfnisse, die er verkündete, wird zwar durch modernere Psychologen nicht mehr als so zwingend betrachtet, sein Konzept ist trotzdem einleuchtend geblieben.

An der Basis liegen die Bedürfnisse, die das unmittelbare tägliche Überleben anstreben: Brot, Kartoffeln, Wasser, Wärme usw. Wenn diese Bedürfnisse befriedigt sind, entwickelt sich das Streben, das Überleben auf längere Sicht zu sichern: Schutz gegen Krankheiten, gegen das Altern usw. Darüber liegt die Bedürfnis-Schicht der Zugehörigkeit. Der Mensch ist nicht nur ein Einzelgänger, er ist zu gleicher Zeit ein „Rudeltier". Solidarität, Kameradschaft und Geborgenheit sind die Stichworte dieser Schicht. Etwas höher gelagert ist das Bedürfnis der Anerkennung innerhalb der Gruppe, zu der er gehört: Status, Anerkennung, Bewunderung und Respekt.

Auch wenn diese hierarchische Ordnung nicht immer klappt, können wir die Bedeutung der Anerkennungs-Bedürfnisse nicht verneinen. Das Zeigen von Respekt beeinflußt das Verhandlungsklima im positiven Sinne, auch wenn man mit dem Gesprächspartner nicht in jeder Hinsicht einverstanden ist.

Respekt bringen wir zum Ausdruck, indem wir z.B. sagen:
+ „Ich verstehe, was Sie meinen!"
+ „Ihren Standpunkt haben Sie klar erläutert!"
+ „Für diese Auffassung muß man wohl Respekt haben!"

Respekt zeigen ist nie ein Zeichen der Schwäche: Mit Respekt vor dem anderen beweisen Sie im Gegenteil Ihre Charakterstärke und Ihre Kraft. Ihr Respekt sollte jedoch auf natürliche, selbstbewußte Weise gezeigt werden.

+ Verhalten Sie sich dabei ruhig
+ Wahren Sie den Augenkontakt
+ Sprechen Sie mit ruhiger Geschwindigkeit

✦ Vorzugsweise in einer tieferen Stimmlage[1]
✦ Legen Sie, bevor Sie eine Frage beantworten, eine Kunstpause ein
✦ Lächeln Sie freundlich, bevor Sie eine heikle Frage beantworten

Respekt zeigen Sie auch, indem Sie sich dem „Rhythmus" des Gesprächspartners anpassen. Wir sprechen dann von „Synchronität"[2] oder Gleichzeitigkeit. Der andere Kernbegriff ist die „Symmetrie" oder das Spiegeln.

✦ Falls Ihr Gegenüber leise spricht, sprechen auch Sie leiser.
✦ Lehnt er auf seinen Ellbogen, tun Sie es ebenso.
✦ Benutzt er formelle Ausdrucksweisen, passen Sie sich daran an, auch wenn es nicht Ihrem persönlichen Stil entspricht.
✦ Legt er zwischen zwei Sätzen eine Denkpause, dann tun auch Sie dies, obwohl Sie die Denkpause für sich selbst vielleicht nicht brauchen.

Sie müssen also nicht nur konzentriert zuhören, damit Sie seinen gesprochenen Text richtig verstehen. Wie er etwas sagt, kann für Sie genauso wichtig sein.
Die „Symmetrie" sollte nicht in ein Nachäffen ausarten, denn es ist nicht Ihre Absicht, Ihren Gesprächspartner zu bespotten oder ihn lächerlich zu machen.
Zum Bereich der Symmetrie gehört auch Ihr Sprachgebrauch. Die NLP-Forscher haben sich hiermit intensiv auseinandergesetzt und unterscheiden bei gesunden und normalen Menschen drei Haupttypen, die jeweils einen anderen Empfang und ein anderes Speichern ihrer Informationen bevorzugen:

✦ Sie verarbeiten Informationen visuell, d.h. in gedanklichen Bildern,
✦ oder aber, sie verarbeiten diese Informationen auditiv, d.h. in einem inneren, gedanklichen Dialog,

---

[1] Für Frauen ist dies allerdings nicht zutreffend!
[2] Ausführlicher wird dies behandelt in: Marjan Deelen: »NLP für VerkäuferInnen«, ISBN 3-85436-207-2, Jan L. Wage: »Körpersprache: Erfolgsinstrument im Verkauf«, ISBN 3-85436-178-5 Beide Bücher im Signum Verlag, Wien.

◆ oder aber sie verarbeiten Informationen kinästhetisch, d.h. über den Weg der Emotionen und Handlungen.
Am besten lernen wir diese Unterschiede anhand der folgenden Tabelle, indem die drei Haupttypen etwa dasselbe meinen, es jedoch unterschiedlich sagen.

Visuell	Auditiv	Kinästhetisch
„Das sehe ich ein!" „Ich zeige es Ihnen!"	„Das verstehe ich!" „Ich sage es Ihnen"	„Das begreife ich!" „Ich vermittle es Ihnen"
„Geben Sie mir bitte ein klareres Bild!"	„Erzählen Sie darüber bitte etwas ausführlicher!"	„Können Sie diesen Eindruck noch verstärken?"
„Das sieht gut aus!"	„Das hört sich gut an!"	„Das bietet mir einen Halt"
„Das rückt Ihre Aussagen ins rechte Licht!"	„Das ist mehr im Einklang mit unseren Auffassungen!"	„Das gibt mir schon ein besseres Gefühl!"

Der Profi-Verkäufer übt sich ständig, so daß er die Ausdrucksweisen seines Gesprächspartners nachahmen kann.

Zum Thema „Respekt" vor dem Gesprächs- und Geschäftspartner gehört auch das ausmerzen des häßlichen Wortes „Aber".
Sobald wir eine Äußerung des Kundes mit einem Satz beantworten, der mit „Aber" anfängt, erfährt er dies als blanken Widerspruch und hört nicht mehr objektiv dasjenige, was Sie sagen.
Der Kunde sagt zum Beispiel: „Das Produkt ist aber teuer!"
Sie antworten; „Ja, aber ..." Sie setzen den Satz dann zwar fort mit den Worten: „Es hat denn auch einige sehr wichtige gute Eigenschaften." Diese Fortsetzung hört der Kunde jedoch nicht mehr. Das Wort aber wirkt wie der Abzug einer Waffe. Er denkt: „Der Mann ist also nicht mit mir einverstanden!"

Wenn Sie die Ausdrucksweise: „Ja ... und" benutzen, vermeiden Sie diesen „Abzugseffekt."

Der Kunde: „Das Produkt ist aber teuer!"
Sie: „Ja, Sie haben recht, als Lieferant sind wir teurer, und für den höheren Preis bekommen Sie auch einen größeren Wert."

Ihre Worte sollen eine Ergänzung seiner Meinung zum Ausdruck bringen, nicht einen Gegensatz dazu! Auch dies ist einen Ausdruck des Respektes vor dem Gesprächspartner.

Indem Sie Respekt zeigen, fördern Sie die Solidarität mit dem Kunden, die Sie für Ihre Erfolge brauchen. Scheinbare Kleinigkeiten können dabei eine große Bedeutung haben. Wie z.b. die richtige Benutzung des Wortes „Wir". Hören Sie den Unterschied zwischen zwei Sätzen:

☹ „Ich werde Ihnen zeigen, daß ... usw."
☺ „Gemeinsam können wir untersuchen, ob ... usw."

Der erste Satz suggeriert Gegenüberstellungen, der zweite betont die Solidarität.
Es ist wie mit der anderen „Kleinigkeit", der Positionierung am Schreibtisch. Ein Gegenübersitzen suggeriert die Konfrontation und unterstreicht die Gegensätze. Dasselbe Gespräch, über Eck sitzend geführt, ergibt einen schnelleren und reibungslosen Erfolg. Der Kunde betrachtet Sie an erster Stelle nicht länger als seinen Gegner.

12 KONFLIKTLÖSUNGEN IM ALLGEMEINEN

1. Wann sprechen wir von einem Konflikt?

Wenn der Kunde bei Verhandlungen oder Konflikten schwierig ist, zeigt Ihr Verhalten eine Reaktion auf das Benehmen des Gesprächspartners. Wir müssen versuchen, auch den Hintergrund der Motive und Absichten des Gesprächspartners zu verstehen. Wir wissen inzwischen, wie schwierig das Beobachten und Deuten des menschlichen Verhaltens ist. Schon während wir beobachten, filtern wir auf subjektive Weise was wir sehen und hören, und wir beurteilen unsere Mitmenschen nach Maßstäben, die für uns selbst zutreffen.

Wie schon in den vorhergehenden Kapiteln beschrieben, ist es aber unsere Aufgabe, zuerst in die Haut des anderen zu schlüpfen, damit wir wirklich entdecken, was er genau meint. Wann sprechen wir von einem Konflikt?

Ein Konflikt ist eine Situation, in der zwei oder mehr Personen unterschiedliche Interessen, Bedürfnisse, Gefühle oder Meinungen haben, die sich im Prinzip nicht miteinander in Einklang bringen lassen und bei dem die Gegner Schwierigkeiten haben, einander spontan entgegenzukommen.[1]

Konflikte müssen nicht nur negativ beurteilt werden, sie haben auch positive Aspekte, zum Beispiel:

✦ Die Existenz eines Problems kommt ins Bewußtsein.
✦ Man wird verpflichtet, die Qualität seiner Argumente zu überprüfen.
✦ Man muß sich mit mehr Engagement als bisher einsetzen.
✦ Man lernt sich als Gegner besser kennen.
✦ Man kommt manchmal zu neuen Verhaltensregeln.

Oft denken wir lieber nicht an Konflikte, weil sie uns belasten und auch weil sie Spannungen mitbringen. Die Probleme werden

---

[1] *Lesen Sie dazu auch Jan L. Wage: »Verkaufsverhandlungen: Strategien und Taktik«, Signum, Wien, 1996, ISBN 3-85436-206-4.*

dann nicht ausgesprochen, sondern auf eine Schubkarre gepackt und mit in die Zukunft genommen.

Auf längere Frist betrachtet ist dies eine Vogel-Strauß-Politik, denn es gibt nur wenige Probleme, die sich von selbst lösen. Der Spruch: „Kommt Zeit, kommt Rat" muß manchmal ersetzt werden durch: „Kommt Zeit, kommt Ratlosigkeit", wie ein Landsmann von mir feststellte.

Konfliktbewältigung fängt immer beim Feststellen und Akzeptieren an, daß es einen Konflikt gibt. Unsere oben erwähnte Definition ist nicht schändlich und braucht nicht zu einer Kriminalisierung des anderen zu führen. Es gibt allerdings fünf Problembereiche, die mit Konflikten zusammenhängen und die eine Konfliktlösung gelegentlich erschweren.

✦ Die unterschiedlichen Meinungen, Gefühle und Bedürfnisse an sich
✦ Ein gegenseitiges Unverständnis
✦ Negative Gefühlsaufwallungen
✦ Kommunikationsstörungen
✦ Eskalation und Polarisierung

Obwohl es mehrere Konfliktgattungen gibt, werde ich mich auf „interpersonelle" Konflikte, d.h. Konflikte zwischen Einzelpersonen, z.b. zwischen einem Käufer und einem Verkäufer beschränken.

Im Verkauf geht es dabei fast immer um Reklamationen, Preise und Lieferkonditionen, Retoursendungen, Nebenvereinbarungen. Hier ist ein Beispiel: Kunde Kurt Kunnemann erscheint im Elektro-Fachgeschäft und wird dort vom Verkäufer Leo Liefering begrüßt:

Liefering: „Guten Morgen, was kann ich für Sie tun?"
Kunnemann: „Ich bringe meinen Videorecorder zurück, den ich am vergangenen Samstagmorgen gekauft habe. Das Ding funktioniert nicht ... Vier Stunden habe ich es versucht. Nur Schnee und Geräusche!"
Liefering: „Dann haben Sie es mit Sicherheit nicht richtig gemacht. Das macht aber nichts, ich werde Ihnen zeigen, wie man es macht!"

94

Kunnemann: „Ich soll es nicht richtig gemacht haben? Geräte sind für die Benutzer da und nicht die Benutzer für die Geräte! Das Ding ist mir zu kompliziert. Sie nehmen es zurück und ich bekomme mein Geld zurück."

Liefering: „Ich glaube, daß Sie jetzt etwas übers Knie brechen wollen. Lassen Sie uns doch erst mal sehen, wo das Problem liegt.

Kunnemann: „Es gibt gar kein Problem. Ich will mein Geld zurück."

Liefering: „Das geht selbstverständlich nicht. Sie können hier nicht etwas kaufen und es eine Woche später zurückgeben. Gekauft ist gekauft."

Kunnemann: „Meine Verbraucherschutz-Organisation ist da anderer Meinung. Ich will mein Geld zurück!"

Liefering: „Mein lieber Herr, ich will Ihnen gern behilflich sein, aber nicht auf diese Weise und nicht in diesem Ton."

Kunnemann: „Gut, daß Sie vom Ton sprechen. Die Tonwiedergabe Ihres Videorecorders zeigt deutliche Mängel! Mein Ton ist in Ordnung! Ich werde mich an meine Verbraucherschutz-Organisation wenden. Auf Nimmerwiedersehen!"

Hier ist eine ausgeprägte „interpersonelle" Konfliktsituation. Es gibt divergierende Meinungen über das, was richtig und falsch ist, und über das, was unehrlich und ehrlich ist.

2. Ihr Konflikt und Ihre Emotionen

Ihre Gefühle haben ihren „Sitz" in Ihrem Gehirn. Sie werden von Ihren Gedanken beeinflußt, wie sie ihrerseits auch wieder Ihre Gedanken beeinflussen.

Sinnvolle, konstruktive und positive Gedanken helfen Ihnen, das richtige und zweckmäßige Verhalten zu entwickeln.

Negative, destruktive Gedanken haben einen Blockade-Effekt und fördern ein kontraproduktives Verhalten.

Wie Ihre Gedanken über die Zwischenstation Ihrer Gefühle Ihr

Verhalten bestimmen, können Sie aus folgender einfachen Verkehrssituation lernen:
Sie geben schnell Gas, wenn die Ampel auf Gelb springt. War die Ampel noch auf Gelb als Sie weiterfuhren? Oder sind Sie bei Rot durchgesaust?
Sie glauben auf der anderen Straßenseite einen Streifenwagen gesehen zu haben.
Ihr Gefühl wird jetzt unsicher und gespannt. Ihr Verhalten? In den Rückspiegel gucken, Geschwindigkeit zurücknehmen, äußerst vorsichtig weiterfahren ... bis Sie spüren, daß Sie nicht von Polizisten verfolgt werden!

Ein anderes Beispiel: Sie hörten soeben, als Sie einen Kunden von unterwegs anriefen, daß Sie einen wichtigen Auftrag buchen konnten. Erfolgserlebnis. Ihre Gefühle werden von Sonnenlicht überstrahlt. Und deswegen fahren Sie ohne Furcht zum schwierigsten Kunden Ihres Bezirkes, um auch da eine Erfolgsleistung zu vollbringen! Oder Ihr Selbstvertrauen ist so sehr gesteigert, daß Sie sich einen freien Nachmittag leisten und sich auf eine Terrasse setzen, um Ihren Sieg zu feiern.

Um richtig zu handeln, müssen Sie die richtigen Gedanken haben. Es ist für Sie also sehr wesentlich, daß Sie sich Ihrer Gedanken und Gefühle im Konfliktfall bewußt sind. Sonst reagieren Sie falsch.

3. Die Phasen der Konfliktbewältigung

Bei der erfolgreichen Bewältigung eines Konfliktes durchlaufen Sie fast immer eine feste Reihe von Stufen.

✦ Beschreiben Sie die Situation emotionsfrei und objektiv. Benehmen Sie sich innerlich, als ob Sie ein Außenseiter sind. Interpretationen haben in dieser Stufe keinen Platz!
✦ Analysieren Sie den Konflikt.
✦ Zu welcher „Konfliktgattung" gehört er?
✦ Was ist genau der Konfliktgegenstand?
✦ Wann und wie ist er entstanden?
✦ Wie war der Ablauf bis jetzt?

◆ Welche Lösungen wurden schon versucht?
◆ Zu welchen Ergebnissen führten diese Lösungsversuche?
◆ Stellen Sie sich das erwünschte Endergebnis vor.
◆ Räumen Sie eventuell einen Platz für alternative Ergebnisse ein.
◆ Wählen Sie den richtigen Stil und das richtige Verfahren, um das Wunsch-Ergebnis zu erreichen.

Zur letzten „Stil-Frage" noch folgendes.
Jeder bevorzugt einen Stil, der am besten zu seiner eigenen Persönlichkeit paßt.
Es ist jedoch unvernünftig, spontan und unüberlegt diesen „persönlichen" Stil zu wählen. Ihr Stil sollte abhängig vom erwünschten Ergebnis sein. Er sollte wenigstens mit Ihrem persönlichen Stil gemischt werden.
Die Stil-Kategorien, aus denen Sie wählen können, sind meistens folgende[1]:

◆ *Kämpferisch forcieren*
Dieser Stil ist nur zulässig, wenn sehr schnelle Entscheidungen erwünscht oder sogar notwendig sind. Oder wenn Sie 100%ig sicher sind, recht zu haben.
Er wird eingesetzt, wenn Sie sich von Ihren Emotionen steuern lassen.
Wenn Sie sicher sind, daß Sie in Zukunft keine weiteren Kontakte mit Ihrem Gesprächspartner in seiner heutigen Stelle oder in einer ganz anderen Konstellation haben, können Sie sich den kämpferisch forcierenden Stil gelegentlich leisten. Die Gefahr ist nur, daß Sie Ihren guten Ruf auch in anderen Kreisen verlieren

◆ *Zusammenarbeiten*
Das Erreichen eines Kompromisses ist nicht immer besonders befriedigend. Man brandmarkt Kompromisse oft a priori als „faul". Trotzdem gäbe es ohne Kompromisse kein Überleben! Im Falle wichtiger Konflikte liegt der Kompromiß als einzige praktikable Möglichkeit auf der Hand. Bei Verkaufsverhandlungen steht der „Kompromiß" fast permanent auf der Tagesordnung. Nur in weni-

---

[1] *Ausführlicher geht hierauf Jan L. Wage ein, und zwar im ersten Kapitel seines Buches:»Verkaufsverhandlungen: Strategien und Taktik«, Signum, Wien, 1996. ISBN 3-85436-206-4*

gen Fällen läßt er sich von der „Synthese" ersetzen, in der die
Kräfte für das Erreichen einer gemeinsamen Zielsetzung gebün-
delt werden.

◆ *Kapitulieren*
Dies ist natürlich keine wirkliche Lösung. Wenn Sie Ihre „Niederlage" als unvermeidlich betrachten, oder aber wenn die Schadens-
erwartung Ihnen allzu groß erscheint, tun Sie es trotzdem.
Der Schachspieler gibt eine Partie lieber auf als bis zu seiner un-
vermeidlichen Schachmatt-Stellung weiterzukämpfen. Damit beweist er seine Intelligenz!
Denn in einer neuen Partie kann er vielleicht gewinnen, wenn er
keine Zeit mit einer schon verlorenen Stellung vergeudet.

◆ *Ausweichen*
Wenn Sie es sich leisten könnten, den Umgang mit allen „schwierigen" und „unbequemen" Menschen bis in alle Ewigkeit zu beenden, wäre dies vielleicht eine sehr effektive Lösung. In unserer
Verkaufswelt gelingt es aber nicht, sämtliche schwierigen Kontakte abzuschneiden oder an andere zu delegieren.
Richtig ist jedoch, einen Fußweg, auf dem ein bissiger Wachhund
schläft, zu vermeiden, solange auch andere Fußwege zum selben
Ziel führen.

Wichtige Stufen der Konfliktbewältigung, wenn Sie die Kapitulati-
on und die Ausweichung ablehnen, sind folgende.

◆ Regen Sie sich nicht über Ihre eigenen Emotionen auf, son-
dern akzeptieren Sie diese. Tun Sie dasselbe für die Emotionen
Ihres Gegeners.
◆ Versuchen Sie Ihre eigenen Emotionen – und die Emotionen
des Gegners – wiederzuerkennen.
◆ Entdecken Sie Ihren eigenen Abwehrmechanismen, über die
ich sofort mehr sagen werde.
◆ Beachten Sie Ihr eigenes – und des Gegners – Fluchtverhalten.
◆ Gewähren Sie Ihren Emotionen – und den Emotionen des
Gegners – ein wenig Freiraum.
◆ Lösen Sie anschließend den Problemfall.
„Abwehrmechanismen" und „Fluchtverhalten" sind beide ungeeig-

net, um einen Konflikt wirklich zu lösen. Abwehrmechanismen sind unbewußt ablaufende Prozesse, die unerwünschte Gedanken, Emotionen und Bedürfnisse ändern bzw. abschwächen, bis sie wieder von uns selbst akzeptiert werden können. Abwehrmechanismen verzerren die Wirklichkeit. Sie sind mit dem erwähnten „Fluchtverhalten" engstens verbunden.

✦ *Verdrängung:* Etwas nicht sehen wollen und es deswegen aus dem Blickfeld verbannen.
✦ *Verneinen:* Vor allem die eigenen Emotionen verneinen.
✦ *Bagatellisieren:* Die wirklichen Risiken unterschätzen, um durchhalten zu können!
✦ *Aufschub:* „Morgen, morgen, nur nicht heute!" Faule Leute haben keine Monopol-Ansprüche auf diese Worte.
✦ *Rationalisieren:* „Es ist eigenlich gut, daß es so läuft, denn ..."
✦ *Rückhalt:* „Ich verlasse mich auf einen anderen. Der wird mir helfen!"
✦ *Introversion:* Klagen und Wehwehchen entwickeln!
✦ *Sublimieren:* Höhere Werte anstreben, andere Prioritäten stellen.
✦ *Projizieren:* „Der andere wird sicher so fühlen, denken und handeln wie ich."

4. Die Vielfältigkeit der Wahrheit

Konflikten vorbeugen zu wollen, ist in vielen Fällen unzweckmäßig. Es gibt Endergebnisse, die ohne vorherige Konflikte nicht denkbar sind. Wenn zwei Rivalen ein und dieselbe Position anstreben, gibt es einen Interessenkonflikt, der nichts menschlich Böses hat. Der eine kann nur gewinnen, indem er den anderen „besiegt". Die Rivalitäten werden sich äußern und möglicherweise erst aufhören, wenn eine dritte Instanz die Wahl trifft, wodurch der Konfliktgegenstand eigentlich automatisch verschwunden sein sollte.
Aber wenn persönliche Konflikte einer sachlichen Zusammenarbeit im Wege stehen, fördert das Beenden des persönlichen Konfliktes meistens eine sachlich-konstruktive Energie zur Erreichung von gemeinsamen Zielsetzungen.
Der Mensch betrachtet die „Wahrheit" immer aus seinem eigenen

Blickwinkel, und aus diesem Winkel gesehen ist sie auch wirklich „wahr". Deswegen fällt es uns oft schwer anzuerkennen, daß der andere genauso aufrichtig einer anderen „Wahrheit" anhängt und Sie verteidigt. Im privaten Bereich kennen wir diesen „pluralistischen" oder „vielfältigen" Wahrheitsbegriff, und wir akzeptieren ihn auch meistens. Menschen haben ja unterschiedliche Wertsysteme und deswegen auch unterschiedliche Motivationen. Der eine verbringt seinen Urlaub vorzugsweise in einem Reisebus, der andere sucht lieber die Einsamkeit und Stille der Natur. Dies kann höchstens zu einem „Konflikt" führen, wenn der eine und die andere miteinander verheiratet sind und einen gemeinsamen Urlaub planen. Auch in der Arbeitssituation finden wir unterschiedliche Motivationen. Der eine arbeitet hauptsächlich für Geld, der andere für ein angenehmes Arbeitsklima. Klassische Konfliktbeispiele im Unternehmensbereich sind folgende:

✦ Ein sehr guter technischer Mitarbeiter, der beste unter seinen Kollegen, erwartet seine Beförderung zum Vorgesetzten über seine Kollegen als Selbstverständlichkeit. Seine Wahrheit ist: Der beste Mann im Team sollte befördert werden. Eine andere Wahrheit ist: Nur ein Mann, der bewiesen hat, auch Mitarbeiter führen zu können, kommt für eine Beförderung in Betracht.

✦ Der Einkaufsleiter möchte möglichst rationell einkaufen und die Kosten von Lagerräumen und Lagerzeit für Rohstoffe und Zwischenprodukte minimieren. Der Produktionschef möchte möglichst wenig Produktionsunterbrechungen, auch wenn irgendwo ein Streikrisiko droht.

✦ Der produktivste und beste Verkäufer im Außendienst wird vom Innendienst-Chef als „schlampig" betrachtet, weil seine administrativen Abrechnungen nicht stimmen.

Diese Situationen illustrieren die Wahrheit, daß jeder nur einen Teil der Wahrheit „verwaltet" und daß es darüber hinaus noch viele andere Teilbereiche der Wahrheit gibt, die auch Anspruch auf einen Platz unter der Sonne geltend machen.
Eine konfliktfreie Welt ist undenkbar und wäre auch eine sehr langweilige Dauer-Erfahrung.
Das bringt uns zum Thema „schwierige Kunden" zurück.
Wir werden also nicht ausschließlich von solchen „lästigen" Men-

schen umgeben. Die Kernfrage ist ja, wie wir selbst agieren und reagieren. Ein Mensch, der eine positive Ausstrahlung hat, wird eine ähnliche Ausstrahlung von seinen Mitmenschen erfahren. Wer seine Erfolgserlebnisse ausstrahlt, wird mit größerer Wahrscheinlichkeit auch künftig Erfolge verbuchen.

Ein Beispiel erlebte ich vor einiger Zeit in meinem Bekanntenkreis. Ein Ehepaar entschied sich, die Großstadt zu verlassen und weiterhin auf dem Lande in einem kleinen Dorf zu wohnen. Weit entfernt vom regen Stadtverkehr mit seiner ständigen Umweltbelastung, in einer waldreichen Gegend, wo der Wanderer sich wohlfühlen kann. Weil mein Freund einen Reiseberuf hatte, konnte er sich überall beliebig niederlassen. Auch seine Frau freute sich auf die künftige ländliche Gegend. Nach schon 8 Monaten sagte mein Freund mir, daß er und seine Frau doch wieder in die Großstadt umziehen wollten. „Meine Frau kann es hier nicht aushalten!" so sagte er mir. „Sie wird von ihren Nachbarinnen und von der übrigen lokalen Bevölkerung nicht akzeptiert, hat noch keine einzige Freundschaft geschlossen!"
Ich fragte: „Hat sie die Nachbarinnen in der Gegend denn wissen lassen, daß sie auf einen Kontakt Wert legt?" Dies hatte sie nicht getan. Sie erwartete von den Nachbarinnen im Dorf eine Einladung. Durch ihre abwartende Haltung erweckte sie bei den benachbarten Familien den Eindruck, daß sie in Ruhe gelassen werden wollte. Dementsprechend ließ man sie auch in Ruhe!

Dieses Beispiel aus dem täglichen Leben zeigt deutlich, daß der Mitmensch zu gleicher Zeit unser Spiegel und unser Echo ist.

Fazit: Sobald wir anfangen, uns selbst zu ändern, ändert sich auch unsere Umgebung.
Unsere eigene Einstellung gestaltet also die menschliche Umwelt Es gibt Kollegen, die nur auf Impulse reagieren, die zufällig auf sie zustoßen. Sind die Impulse positiv, dann reagieren sie positiv Sind die Impulse negativ, dann ist ihre Reaktion dementsprechend. Wie ein Chamäleon wechseln sie die Farbe ihrer Laune und ihrer Stimmung in Abhängigkeit von der Farbe der Umgebung.
Wir sollten aber nicht warten, bis andere Menschen sich uns ge-

genüber freundlich verhalten. Irgendwo muß die Freundlichkeit doch anfangen, warum eigentlich nicht bei uns selbst? Als Menschen haben wir die „schöpferische" Kraft, auch die Stimmung unserer Mitmenschen bewußt zu beeinflussen.

Freut sich Ihr Kunde auf Ihren Besuch, weil Sie immer diese positive, schöpferische Ausstrahlung mit sich tragen?

Sie werden in diesem Fall viel weniger „schwierige" Kunden haben!

Erfolg, wünsche ich Ihnen!

Verkaufsverhandlungen

Strategien & Taktik

Allen edlen Wahlsprüchen über „Win-Win-Strategien" und „Kundenpartnerschaft" zum Trotz, geht es im Preiskampf ums nackte Überleben. VerkaufsleiterInnen und VerkäuferInnen brauchen jetzt keine utopischen Weichspülertechniken: Ihre Preisverteidigung wird zur Selbstverteidigung, wenn Sie hart und trickreich angegriffen werden.

ISBN 3-85436-206-4
DM 26,90 / öS 198,– / sFr 25,–

Kreatives Einkaufen von Dienstleistungen und Projekten

Reinigung, Software Pakete, Marktforschung, Beratung ... die Palette der zuzukaufenden Dienstleistungen ist breit, die große Vielfalt an Angeboten erschwert gute Einkaufsentscheidungen. Industrielle Einkäufer finden hier Methoden und viele Verbesserungsvorschläge, um die Beschaffung von Dienstleistungen und Projekten zu optimieren.

ISBN 3-85436-215-3
DM 26,90 / öS 198,– / sFr 25,–

Effektive Verkaufspräsentation

Tips & Tricks

Viele fühlen sich unnötig verunsichert, wenn sie vor Gruppen präsentieren müssen. David Bloch hilft Ihnen bei der Bewältigung Ihres Lampenfiebers. Er zeigt Ihnen die optimale Sitzordnung, wie Sie Ihre Verkaufshilfen und Ihre Körpersprache effektiv einsetzen. So steigern Sie den Verkaufserfolg Ihrer Produkte und Dienstleistungen.

ISBN 3-85436-193-9
DM 26,90 / öS 198,– / sFr 25,–

Dynamische Verkaufsgespräche

Kunden überzeugen durch verkaufsaktives Sprechen

Verkaufen ist Kommunikation. Als Kommunikationsexperte verdankt der Verkäufer seine Erfolge und seine Mißerfolge der Macht seines Sprechens. Anhand praktischer Übungen aus dem Verkaufsalltag lernt der Leser, einprägsam und mit natürlicher Perfektion zu sprechen.

ISBN 3-85436-237-4
DM 26,50 / öS 198,– / sFr 25,–

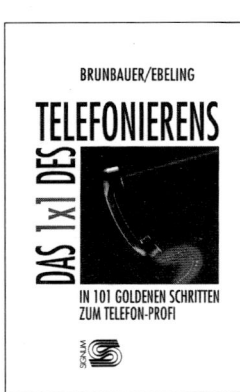

Das 1x1 des Telefonierens

In 101 Goldenen Schritten zum Telefon-Profi

Wann immer Sie einen Telefonhörer abnehmen, werden Sie dieses Buch brauchen. „Lukas Renner" von der „Werk KG" zeigt Ihnen das „1x1 des Telefonierens". Egal ob Einsteiger oder Profi, hier finden Sie, didaktisch und pfiffig aufbereitet, Ihren heißen Draht zum Telefon-Erfolg.

ISBN 3-85436-172-6
DM 26,90 / öS 198,– / sFr 25,–

Gewinne(n) mit dem Telefon

101 Goldene Regeln für telefongerechte Kundenkontakte

„Lukas Renner" läßt wieder von sich hören. Weil er das „1x1" des Telefonierens" beherrscht, lernt er bei Spezialaufgaben wie der Planung von Telefonprojekten oder Gestaltung von Telefonpräsentationen effizienter mit dem Telefon umzugehen. Ein Arbeitsbuch für den auf den Kunden abgestimmten Telefonkontakt.

ISBN 3-85436-216-1
DM 26,90 / öS 198,– / sFr 25,–